그림자 노동

그림자 노동

이반 일리치 지음
노승영 옮김

사월의책

그림자 노동

1판 1쇄 발행 2015년 12월 1일
1판 5쇄 발행 2023년 1월 10일

지은이 이반 일리치
옮긴이 노승영
펴낸이 안희곤
펴낸곳 사월의책

편집 박동수
디자인 김현진

등록번호 2009년 8월 20일 제396-2009-126호
주소 경기도 고양시 일산서구 중앙로 1388 동관 B113호
전화 031)912-9491 | **팩스** 031)913-9491
이메일 aprilbooks@aprilbooks.net
홈페이지 www.aprilbooks.net
블로그 blog.naver.com/aprilbooks

ISBN 978-89-97186-51-8
ISBN 978-89-97186-50-1 (세트)

* 책값은 뒤표지에 있습니다.
* 이 도서의 국립중앙도서관 출판시도서목록(CIP)은 e-CIP홈페이지(http://www.nl.go.kr/ecip)와 국가자료공동목록시스템(http://www.nl.go.kr/kolisnet)에서 이용하실 수 있습니다. (CIP제어번호: CIP2015026726)

차례

일러두기

이 책에 실린 글의 일부 내용과 초고들은 다음 매체들에 먼저 발표되었음.

『티처스 칼리지 레코드*Teachers College Record*』(컬럼비아 대학, 제81권 1호, 1979년 가을)

『계간 공진화*Co-Evolution Quarterly*』(캘리포니아 소설리토, 제26호, 1980년 여름)

『가디언*The Guardian*』(런던, 1980년 10월 4일)

| 머리말 |

이 에세이집을 출간하면서 약간의 도서관용 양장본을 제외하고는 처음부터 보급판으로 책을 만들어준 매리언 보이어스 출판사에 감사드린다. 책에 실린 글들은 말 그대로 에세이이거나 초고로서, 여기서 다듬은 생각들은 앞으로 3년에 걸쳐 단행본으로 출간할 예정이다. 이 다섯 편의 글은 원래 1979년에서 1980년에 걸쳐 각기 다른 청중들에게 강연했던 원고들이다. 이번에 이것들을 하나로 묶어 출간하기로 결정한 것은 나의 주된 연구 주제인 '희소성의 역사'에 대해 선부른 결론을 내리지 않으면서도 어떤 시급한 문제에 관심을 촉구하기 위해서다.

즉 이 에세이들은 '그림자 경제'(shadow economy)라는 새로운 현상에 대해 다룬다. 내가 이런 신조어를 만든 것은 화폐거래 영역에 속하지 않으면서 산업화 이전 사회에서도 역시 찾아볼 수 없는 경제 형태를 말하기 위해서다. 이 책 2장에서 상술했듯이, 모어(母語)를 학습의 대상으로 만든 일이 그런 사례다.

서양 근대사를 시장경제가 자급자족 경제로부터 '뽑혀 나온'

(disembedding)[1] 과정으로 볼 수 있다는 착상은 칼 폴라니(Karl Polanyi)에게서 얻은 것이다. 하지만 이 유례없이 근대적인, 뽑혀 나온 경제를 분석함에 있어서 나는 공식 경제학의 개념들을 의미적절하게 사용하는 식의 관점을 취하지 않는다. 내 관심사는 오히려 공식적 경제 부문의 그늘진 밑바닥에 있다. 내가 설명하려는 특질들은 공식 경제학에서 쓰는 범주들이나 자급자족 문화를 설명하기 위해 인류학이 적용하곤 하는 범주들로는 포착될 수 없는 것들이다. 19세기 초의 역사를 살펴보면 화폐화의 진전은 동시에 화폐화되지 않은 절반의 상보적 영역을 만들어냈음을 알 수 있다. 두 영역은 서로 매우 달랐지만, 산업화 이전 사회의 특징들에 비춰볼 때 낯설다는 점에서는 똑같았다. 다시 말해, 두 경우 모두 환경의 효용가치를 떨어뜨리고 자급자족적 삶(subsistence)[2]을 소멸시킨 점에서는 같았다는 얘기다.

그림자 경제의 출현에서 내가 주시하는 점은, 임금으로 보상받지도 못하고 시장으로부터 가계의 독립성을 지키는 데 기여하

※ 각주는 대부분 옮긴이와 편집자의 주석으로, 둘을 따로 구분하지는 않았다. 원서의 주는 '원주'로 표시했다.

1 칼 폴라니의 주요 개념. 폴라니는 사회적 관계 속에 경제가 파묻혀 있는(embedded) 자급자족적 경제와, 시장이 사회적 관계에서 뽑혀 나와(disembedded) 독립적 실체로 작동하는 경제를 구분한다.

2 저자의 주요 개념. 보통은 '생계' 또는 '근근이 살아감'을 뜻하지만, 저자는 상품에 의존하지 않고 자연의 가치를 직접 이용하며, 공동체 내의 호혜적 관계를 통해 삶을 유지하는 자급자족적 생활방식을 가리키는 용어로 쓴다. (이 책 5장 217쪽 주석 참조.)

지도 않는 노역 형태가 등장했다는 사실이다. 새로운 비자급자족적 가내 공간에서 주부가 행하는 그림자 노동이 좋은 예다. 이 새로운 종류의 활동은 다른 가족 구성원이 임금 취득자로 계속 일할 수 있게 해주는 필요조건이다. 따라서 그림자 노동은 근대의 임금 노동과 더불어 나타난 현상이지만, 노동집약적 상품 사회가 존속할 수 있는 조건으로 보자면 그림자 노동이 임금 노동보다 훨씬 근본적일 것이다. 그림자 노동을, 자급자족 중심의 민중 문화에서 전형적으로 볼 수 있는 토박이 활동과 구분하는 것은 내 연구에서 가장 힘들지만 가장 보람되기도 한 부분이다.

나는 단순한 호기심에서 이 연구를 시작한 것이 아니다. 내가 연구를 시작한 계기는 1970년대를 거치면서 뚜렷해진 어떤 경향에 대한 우려 때문이다. 이 시기를 거치면서 전문적 이해관계, 경제적 이해관계, 정치적 이해관계가 한 점에 집중되어 그림자 경제는 부쩍 팽창을 이루었다. 포드, 피아트, 폭스바겐은 10년 전만 해도 로마 클럽에 '성장의 한계'를 예언하라며 자금을 지원하더니, 이제는 자조(自助, self-help)를 역설하고 있다. 나는 자조를 무분별하게 선전하는 것이 도덕적으로 용납될 수 없는 일이라고 생각한다.

이들이 '자조'라며 선전하는 것은 실상 자율적인 삶이나 토박이적인 삶과는 정반대되는 것이다. 신진 경제학자들이 설파하는 자조는 사회 정책의 대상(개인일 수도 있고 기관일 수도 있다)을 둘로 나눈다. 한쪽은 전문가들이 정의하는 필요(수요)에 해당하고, 다른 한쪽은 그 필요를 충족시킬 권한을 전문적으로 부여받는다. 이렇게 '자조'라는 꼬리표를 붙인 정책들 아래서는 산업경제학의 특징인 생산과 소비의 아파르트헤이트(분리)가 대상 자체에 투사된다. 즉 각 대상들은 저마다 내수 소비를 위한 일개 생산 단위로 전환되고, 이런 마스터베이션 행위에서 얻은 효용이 최신식으로 설계된 GNP에 덧붙여진다. 이러한 자조와 내가 **토박이 삶**(vernacular life)이라 부르는 것을 명확히 구분하지 않는다면, 그림자 경제는 현재의 스태그플레이션에서 주요 성장 부문이 될 것이고, 이 '비공식' 부문은 최후의 반짝 성장을 지탱해주는 주요 식민지가 될 것이다. 새로운 생활양식의 사도(使徒)들, 즉 탈중심화와 대안적 기술과 의식화와 해방을 도모하는 사도들이 해야 할 일은 바로 이 차이를 명시적이고도 실질적으로 드러내는 것이다. 그러지 못한다면 이들의 노력은 불가항력으로 뻗어나가는 그림자 경제에 대해 단지 색소와 감미료와 정체된 이상(理想)의 맛을 첨가하는 데 그치고 말 것이다.

그러므로 그림자 노동과 토박이 영역에 대한 구분은 단지 학술적 의미만 지니는 것이 아니다. 성장의 한계에 대한 대중적 논의는 이제 막 3기에 들어섰는데, 위의 구분은 지금의 단계를 이해하는 데 결정적이다.

1기는 1970년대 이전부터 시작되었다. 대학과 언론의 여론

주도층은 현재의 산업 생산 추세를 변화시키지 않으면 지구가 금세 생물이 살 수 없는 곳으로 바뀔지 모른다며 대중의 경각심을 불러일으켰다.[3] 하지만 이들의 경고는 물리적 환경을 강조하는 데 머물렀으며, 이어진 논의도 연료와 유독물질에 대한 우려에만 치우쳤다. 따라서 당시 나는 서비스 부문에도 산업생산과 비슷한 한계를 두어야 한다는 데 관심을 환기해야겠다고 생각했다. 그래서 쓴 책이 『학교 없는 사회』(*Deschooling Society*, 1971)이다. 이 책에서 나는 복지국가의 서비스 기관들이 물품 과잉생산의 부작용에 견줄 만한 파괴적 부작용을 가져올 수밖에 없음을 논했다. 물품 생산을 제한하는 데 대한 필수적 보완장치로서 돌봄(care)에 대해서도 한계를 두어야 한다는 생각이었다. 게다가 물품 생산의 부작용이나 돌봄의 부작용 모두 정치적 선택이나 기술적 처방으로는 근본적으로 해결할 수 없는 문제들이니 더욱 그러했다. 그간 이렇게 돌봄에 한계를 두어야 할 것들로는 건강의 의료화, 배움의 제도화, 위험의 보험화, 언론 노출의 심화, 전문적 사회복지 업무의 내성화 등이 지적되어 왔다. 작금에는 이 모두가 '생태주의' 논의 안에서 다뤄지고 있다.

1980년대가 되면서 성장의 한계에 대한 논의는 3기에 접어들었다. 1기가 물품에, 2기가 돌봄에 주로 초점을 맞춘 데 반해 3기

---

3 특히 1962년 레이첼 카슨의 『침묵의 봄』이 출간되면서 본격화된 환경 운동을 말함.

는 공유지에 초점을 맞추고 있다.

'공유지'(commons) 하면 사람들은 목초지나 숲을 떠올린다. 영주가 농노의 단 한 마리 양마저 목초지에서 내쫓은 인클로저 운동을 떠올리는 사람도 있을 것이다. 즉 농노가 가진 시장 외적인 생계 수단을 박탈함으로써 그를 원(原)산업적 임금 노동에 밀어 넣은 운동 말이다. 또 어떤 사람은 E. P. 톰슨이 '도덕 경제'(moral economy)라고 말한 것의 파탄을 떠올리기도 한다. 하지만 현재 논의되는 공유지는 훨씬 미묘한 개념이다. 경제학자들은 '환경의 효용가치'라는 측면에서 공유지를 바라보는 경향이 있다. 경제 성장의 한계에 대한 공적 논의는 이제 3기를 맞아 이런 '효용가치'를 보존하는 문제에 집중될 것이다. **어떤 형태로든** 경제적 팽창이 일어나면 그로 인해 파괴되는 가치 말이다.

이론상 공유지 또는 환경의 효용가치가 파괴되는 이유를 이해하기란 어렵지 않다. 지금까지의 경제 발전은 사람이 무언가를 하는 대신 무언가를 살 수 있게 하는 것을 의미했다. 즉 시장 바깥에 존재하는 사용가치들을 시장의 상품들로 대체한다는 것을 뜻했다. 또한 경제 발전은 사람들이 얼마 지나지 않아 그 상품을 반드시 사야만 한다는 의미이기도 했다. 왜냐하면 그런 상품 없이도 그럭저럭 지낼 수 있었던 조건들이 물리적, 사회적, 문화적 환경으로부터 자취를 감추었기 때문이다. 재화와 서비스를 구매하지 못하는 사람들은 이제 환경을 이용할 방법이 막

막해졌다. 예를 들면 길이 그러하다. 예전에 길은 사람들을 위한 것이었다. 사람들은 길에서 자랐고 길에서 삶의 기술을 익혔다. 그러다가 차량 통행을 위해 길이 직선화되고 형태가 바뀌었다. 이런 변화는 학교가 충분히 세워지기 훨씬 전에 일어났기에 길에서 막 쫓겨난 아이들은 갈 곳조차 없었다. 예전에 배움의 '공유' 환경이었던 길의 효용가치가 사라진 속도는 공식 교육기관이 그 자리를 메운 속도보다 훨씬 빨랐다.

졸저 『공생공락을 위한 도구』(*Tools for Conviviality*, 1973)[4]에서 나는 경제 성장으로 인해 환경이 파괴되면서 사용가치를 위주로 한 활동이 어떻게 불가능해졌는지에 대해 주의를 환기한 바 있다. 여기에 대해 붙인 이름이 '빈곤의 현대화'라는 것이다. 현대 사회에서는 시장에 접근하기 가장 힘든 바로 그 사람들이 공유재의 효용가치에도 접근하기가 가장 어렵기 때문이다. 나는 그 이유가 "욕구 충족에 대한 상품의 근본적 독점"에 있다고 보았다.

뒤이어 내가 밝히고자 한 것은, 이러한 상품의 **근본적 독점**

---

4 conviviality는 '함께'를 뜻하는 'con'과 '생생한'을 뜻하는 'vivial'을 합친 단어로, 사전적으로는 '연회석상의 유쾌함'을 말한다. 저자는 『*Tools for Conviviality*』에서 친구 사이의 '재치 있는 농담이나 장난'을 뜻하는 그리스 단어 '유트라펠리아'(eutrapellia)의 뜻으로 이 용어를 쓴다고 밝히면서, 한편 이 단어에는 '절도'(austerity)의 뜻도 있다고 강조한다. 즉 상대에게 해를 주지 않는 절제된 즐거움의 뜻으로 이 단어를 쓰면서, 바람직한 사회의 특징을 나타내려 한다. 이 단어는 지금까지 '공생', '자율적 공생', '절제' 등으로 번역되었지만 모두 일면적인 한계가 있기에, 이 책에서는 '공생공락'(共生共樂)으로 옮긴다.

(radical monopoly)이 상품 생산과 보편적 분배가 애초 내세웠던 목표로부터 어떻게 모든 사람을 배제하는가 하는 점이었다. 나는 이런 **역생산성**(counterproductivity)[5]의 역설을 가장 잘 보여주는 사례로 '이동 능력의 동력화'와 '건강의 의료화' 두 가지를 꼽았다. 다음번 책에서 나는 유럽이 근대 세계에 안겨준 가장 큰 짐인 희소성의 제도화를 거슬러 올라가 중세 신앙에서 그 기원을 찾아볼 참이다.

이 에세이들을 발표하는 것은 내 연구가 얼마나 진척되었는가를 알림과 동시에 다른 이들의 비판과 조언을 청하기 위해서다. 각 에세이는 저마다 다른 계기로 쓰게 되었다. 제1장「사회를 결정하는 세 가지 차원」은 1979년 8월 스리랑카 콜롬보에서 열린 '개발경제학자 컨퍼런스'에서 강연해달라는 파울 스트리텐의 요청으로 썼다. 제3장「자급자족을 상대로 한 전쟁」은 마이소르에 있는 전인도 언어연구소의 데비 P. 파타나야크 소장과 대화를 나누던 중에 착안했다. 제4장「민중에 의한 연구」는 카셀 대학에서 가졌던 12세기 초 문헌에 대한 열두 차례의 강연 중 한 강

5 '근본적 독점'과 '역생산성'은 둘 다 저자의 주요 개념으로 서로 긴밀하게 연결되어 있다. 오로지 상품을 통해서만 필요(needs)의 충족이 가능한 경제에서는 한편으로는 상품 소비의 강제성 때문에, 다른 한편으로는 상품으로부터 배제된 처지 때문에 갈수록 애초의 생산성이 의도한 것과는 정반대의 결과를 낳는다는 것이다.

연이 바탕이 되었으며, 발렌티나 보레만스가 편집하고 있는 '공생의 도구' 독본에 실으려는 용도로 썼다. 그 책에는 칼 폴라니, 루이스 멈퍼드, 앙드레 고르의 글도 실릴 예정이다. 마지막 장 「그림자 노동」은 바르바라 두덴, 클라우디아 폰 베를호프, 에른스트 & 크리스티네 폰 바이츠제커 부부와 나눈 대화가 계기가 되었다. 이 에세이는 1980년 하반기에 대학 안팎에서 세미나 자료로 널리 쓰였는데, 본서에는 이 학생들을 위해 작성했던 학습지도서 초안을 함께 수록했다.

이 책의 모든 글들은 30년째 이어지고 있는 리 호이나키(Lee Hoinacki)와의 대화에서 나온 것들이다. 원고 편집도 그의 몫이었다. 문장들이 내 머리에서 나왔는지 그의 머리에서 나왔는지 아리송할 때도 많다.

1980년 11월 괴팅겐에서
이반 일리치

1장

사회를 결정하는 세 가지 차원

‘발전’이라는 환상

자급자족적 삶을 상대로 한 전쟁이 어떤 결과를 낳았는지 알아보는 가장 좋은 방법은 발전이라는 거울에 비추어 보는 것이다. 1960년대를 거치면서 ‘발전’ 또는 ‘개발’이라는 말은 ‘자유’와 ‘평등’에 버금가는 지위를 얻게 되었다. 일반 국민을 발전시키는 것은 부자들의 의무이자 짐이 되었다. 발전은 또한 건설 사업으로 묘사되었다. 인종과 지역을 막론하고 모든 사람들이 아무런 조심성도 없이 ‘국가 건설’을 입에 올렸다. 국가 건설이라는 사회공학의 당면 목표는 아직 설비가 미비한 사회에 시설들을 고루 갖추는 것이었다. 학교와 현대적 병원을 더 많이 세우고 고속도로를 더 늘리고 공장을 새로 짓고 전력망을 건설하는 것과 더불어, 이 시설에 종사하고 이 시설을 필요로 하는 사람들을 배출하는 것이었다.

하지만 오늘날 보기에 10년 전의 저 도덕적 명령은 순진한 생각이었음이 드러나고 있다. 비판적 사상가치고 바람직한 사회에 대해 이처럼 도구적인 시각을 가진 사람은 오늘날 거의 없을 것이다. 많은 사람들의 생각이 달라진 데는 두 가지 이유가 있다. 먼저, 예기치 않은 외부효과가 발생해 편익을 앞질렀기 때문이다. 학교와 병원으로 인해 발생한 조세 부담이 경제가 감당할 수 있는 한계를 넘어섰고, 고속도로 때문에 생겨난 유령마을이 도

시와 농촌 풍경을 삭막하게 만들어버렸다. 브라질 수도 상파울루에서 만든 플라스틱 들통은 서부 브라질의 동네 양철공이 양철 조각으로 만든 들통보다 가볍고 값도 싸다. 하지만 값싼 플라스틱에 밀려 먼저 양철공이 자취를 감추었고, 이어서 플라스틱의 독기가 환경에 흔적을 남겼다. 새로운 유령이 출현한 것이다. 예부터 전해오던 기술적 능력의 소멸과 함께 생겨난 이런 유독물질들은 피할 수 없는 부산물로서, 오랜 세월이 지나기 전에는 어떤 퇴마의식도 통하지 않을 것이다. 산업폐기물을 묘지(매립지)에 매장하려면 양동이 값보다 더 많은 비용이 든다. 경제학 업계용어로 '외부비용'이라는 것인데, 플라스틱 양동이 생산으로 얻는 이윤과 제조 과정에서 지급한 임금을 다 합친다 해도 이 비용에는 못 미친다.

하지만 **외부비용 증가**는 발전이 내민 청구서의 앞면에 지나지 않는다. **청구서 뒷면에는 '역생산성'이 있다.** 외부비용은 소비자가 원하는 상품을 갖기 위해 치른 가격 '바깥'에 존재하는 비용을 나타내며, 언젠가는 소비자 자신이나 다른 사람 또는 미래 세대에게 청구될 비용이다. 이에 반해 역생산성은 구입한 상품을 사용하는 일 '내부'에서부터 우리에게 또 다른 실망감을 안겨준다. 이러한 내재적인 역생산성은 근대적 제도들의 불가피한 요소로서, 각 제도의 수혜자 대부분을 차지하는 빈곤층에게 끊임없이 좌절을 안긴다. 이 좌절감은 매우 뼈저린 것임에도 거의 규명된 적조차 없다. 이처럼 경제의 주요 부문들은 저마다 고유한 역설적 모순을 일으키며, 애초의 목표와는 정반대되는 효과를 필연적으로 가져온다. 그러나 경제학자들은 외부효과에 대해 가격표를 붙이는 능력은 꾸준히 키워왔지만 이런 부정적 내부효과에 대처할 능력은 아직 갖추지 못했으며, 거기에 묶여 있는 수혜자들의 좌절감도 측정하지 못한다. 이 좌절감은 비용과는 별도로 계산되어야 함에도 말이다.

대다수 사람들에게 학교 교육은 유전적 차이를 왜곡해 신분하락 자격증을 발급하는 것과 다름없고, 건강의 의료화는 감당가능하고 유효적절한 한도를 훨씬 넘는 의료 수요를 발생시킴으로써 상식적인 의미의 '건강' 즉 환자의 유기적 대처 능력을 떨어뜨린다. 또한 운송 부문에서는 출퇴근 시간대에 차량이 몰림에 따라 허비되는 시간이 늘어나고, 이동 수단의 자유로운 선택폭이나 상호 접근성 모두가 줄어든다. 교육, 의료 및 기타 복지제도가 발전하면서 애초에 이런 사업들을 구상하고 자금을 투자할 때의 목적으로부터 수혜자 대부분이 오히려 배제되는 결과가 빚어지는 것이다. 강요된 소비가 초래한 이런 제도화된 좌절감이 새로운 외부비용까지 낳고 있는 마당에, 생산 능력의 구비 여하에 따라 바람직한 사회인지 아닌지를 판단할 수 있다는 주장은 어불성설일 뿐이다. 산업화가 환경에 가하는 충격의 전 면모는 종국에 가서야 서서히 드러난다. 처음에는 생물권만이 일부 성장 형태로부터 위협을 받다가, 결국에는 모든 형태의 경제 성장이 '공유지'를 위협하게 되는 것이다. 모든 경제 성장은 불가피하게 환경의 효용가치를 하락시킨다.

발전이 입히는 피해를 모면하는 것이 새로운 '만족'을 얻는 것보다 더 절실하게 추구하는 특권이 되었다. 출퇴근 시간대를 피해 통근할 수 있는 사람은 알고 보면 시간에 구애받지 않는 사람이고, 가정 분만을 할 수 있는 사람은 알고 보면 엘리트 학교를 나온 사람이며, 아플 때 의사를 무시할 수 있는 사람은 알고 보면 이미 희귀하고 특별한 정보를 가진 사람이다. 또 맑은 공기를 마실 수 있는 사람은 알고 보면 부자이거나 행운아이며, 허름한 집이나마 직접 지을 수 있는 사람 역시 진짜 가난한 이가 아니다. 오늘의 하층민은 후견인을 자처하는 이들이 제공하는 역생산성 꾸러미와 도움을 **어쩔 수 없이** 소비해야 하는 사람들로 이루어진 반면, 특권층은 그런 것들을 마음대로 거부할 수 있는 사람들이다. 그런데 최근 들어 새로운 분위기가 감지되고 있다. **공평한** 발전이 생태적으로 불가능한 것임을 자각한 사람들이 등장한 것이다. 이들은 설령 공평한 발전이 가능하더라도 우리 자신을 위해서는 그 이상의 발전을 바라지도, 다른 사람에게 권하지도 말아야 한다고 사람들을 설득하고 있다.

사회 형태를 선택하는 세 가지 차원

10년 전만 해도 사람들은 정치적 영역에서 다루는 사회적 선택지와 전문가들에게 맡겨진 기술적 선택지를 쉽게 구분했다. 전자는 목표에, 후자는 수단에 관한 것으로 으레 생각했다. 거칠게 표현하면, 바람직한 사회에 관한 선택지는 우에서 좌에 이르는 스펙트럼 상에 분포해 있었다. 이쪽이 자본주의적 발전이라면 저쪽은 사회주의적 발전이라는 식이었다. 반면 '어떻게'는 전문가들 손에 맡겨져 있었다. 하지만 이러한 일차원적 정치 모형은 한물갔다. 이제는 '누가 무엇을 차지하는가'의 문제에 더해 두 가지 새로운 선택 영역이 **대중적** 관심사로 대두되었다. 하나는 적절한 생산 수단에 대한 대중의 판단이 과연 정당한가 여부이고, 다른 하나는 성장과 자유를 맞바꾸는 것이 옳은가 하는 것이다. 따라서 독립된 이 세 가지 선택 차원들은 서로 수직을 이루는 세 축(삼차원상의)으로 표현할 수 있겠다. x축에는 사회적 계층구조, 정치적 권한, 생산 수단의 소유, 자원의 배분 등 대체로 '좌'와 '우'라는 용어로 지칭되는 항목들이 배치된다. y축에는 '굳은 기술'과 '무른 기술'이라는 기술적 선택지들이 배치된다. 나는 두 용어를 핵 발전에 대한 찬반론 같은 것을 훨씬 넘어서는 의미로 쓰고 있는데, 둘 중 어떤 기술을 쓰느냐는 재화뿐 아니라 서비스에도 해당되는 얘기다.

세 번째 선택지는 z축에 배치된다. 이 축에 놓이는 것은 특권(x축)도, 기술의 강도(y축)도 아닌 '인간의 만족이란 무엇인가' 하는 문제다. z축의 양 끝을 에리히 프롬이 정의한 용어로 표현해 보자. 축의 하단에는 **소유**에서 만족을 찾는 사회 구조가 위치하고, 상단에는 **행위**에서 만족을 찾는 사회 구조가 놓인다. 즉 하단에 위치한 사회는 상품집약적 사회로, 여기서는 전문가들이 설계, 처방하고 이들의 통제 하에 생산된 일련의 재화와 서비스의 관점에서 '필요'가 정의된다. 이러한 사회 모형은 인류 사회가 한계효용을 좇아 행동하는 개인들로 이뤄져 있다는 생각에 꼭 들어맞는다. 이런 인간상은 개인의 이기심을 사회 발전의 동력으로 본 버나드 맨더빌에서 시작하여 애덤 스미스, 마르크스, 케인스에 이르면서 점차 정교해졌으며, 루이 뒤몽은 여기에 호모 에코노미쿠스(homo economicus)라는 이름을 붙였다. 반면, z축의 상단에는 자급자족적 활동을 중심에 놓고서 인간 삶이 조직되어 있는 사회들, 다시 말해 성장에 대한 회의적 태도가 배인 생활양식들을 저마다 고유하게 선택한 공동체들이 부채꼴처럼 다채롭게 놓인다.

그러나 z축에서 내가 성장 지향적 사회와 반대되는 위치에 두고 있는 사회는 전통적 자급자족 사회가 아니다. 아득한 때부터 그 원형이 문화적으로 전승되어 만들어진 사회가 아니라는 얘기다. 이런 선택지는 오늘날 존재하지 않는다. 이런 선택을 갈망하는 것은 감상적이거나 파괴적인 태도일 뿐이다. 내가 경제 성장을 섬기는 사회에 맞세우는 사회는, 공동의 환경을 자급자족적으로 이용함으로써 생산-소비를 대체하는 데 높은 가치를 두는 사회다. 즉, 나는 인간을 **호모 에코노미쿠스**로 보는 사회에 대하여 **호모 아르티펙스 수브시스텐스**(homo artifex, subsistens, 자급자족적 삶의 기술을 갖춘 인간)의 전통을 복원한 사회를 맞세운다.

오늘날의 사회 형태는 사실상 위의 세 가지 독립된 축 위에서 지속적인 선택을 해온 결과라고 할 수 있다. 하지만 정치가 여전히 일차원적 관념에 사로잡힌 탓에 대부분의 사회적 선택은 서로 무관한 의사결정들이 우연히 만나서 만들어낸 결과일 뿐이다. 이런 결정들은 환경을 자꾸만 호모 에코노미쿠스들만의 서식처로 바꾸는 경향이 있다. 이러한 추세는 갈수록 더 많은 사람들에게 깊은 우려를 안겨주고 있다. 그러므로 특정 정치체제의 신뢰도는 이제 세 가지 선택지들 각각에 얼마나 많은 대중들이 참여하느냐에 따라 결정될 것이다. 바라건대 한 사회가 고유하게 가진, 사회적으로 잘 다듬어진 이미지가 얼마나 아름다우냐에 따라 그 사회의 국제적 영향력도 결정될 것이다. 각 사회는 경제 지표를 달성하려고 다투는 대신 미적이고 윤리적인 본보기가 되려고 경쟁할 것이다. 다른 길은 없다. 소규모로 조직된, 검소하고 소박하며 현대적이지만 수공예적인 생활양식은 마케팅을 통해 전파될 수 있는 게 아니다. 역사상 처음으로 가난한 사회와 부유한 사회가 명실상부하게 공평한 기준으로 평가될 것이다. 하지만 이런 전망이 실현되려면 우선 지구의 남반구와 북반구를 발전이라는 잣대로만 비교하는 현재의 통념부터 버려야 한다.

고용의 그늘에 가린 노동

이와 관련해서 우리 시대의 고매한 목표인 완전 고용에 대해서도 재검토할 필요가 있다. 10년 전만 해도 발전에 대한 태도나 정치 전략은 지금에 비해 꽤 단순했다. 노동을 대하는 태도 역시 성차별적이고 고루했다. 노동은 고용의 동의어였고 번듯한 일자리는 남성의 전유물이었다. 직장 바깥에서 행해지는 그림자 노동을 분석하는 것은 금기였다. 좌파는 그림자 노동을 원시적 재생산의 유물로 간주했고, 우파는 조직화된 소비 행위로 보았다. 발전이 더 되면 그림자 노동이 사라질 것이라는 데 양쪽이 의견을 같이했다. 일자리 확대와 '동일노동 동일임금' 및 전 직종 임금인상을 쟁취하려는 투쟁이 벌어지면서, 직장 바깥에서 이뤄지는 모든 노동은 정치학과 경제학의 시야에 들지 않는 그늘진 구석으로 밀려났다.

최근 들어서야 여성주의자와 일부 경제학자, 사회학자들이 이른바 중간 구조에 눈을 돌려 산업경제에 기여하는 무급 노동—주로 여성의 몫인—에 대해 연구하기 시작했다. 이들 연구자는 이런 '재생산' 활동을 생산의 보완물로서 논의한다. 하지만 무대를 빼곡 메운 사람들은 자칭 급진주의자들이다. 이들은 구태의연한 일자리를 창출하는 새로운 방법, 가용 일자리를 나누는 새로운 방식, 그리고 가사, 교육, 육아, 통근을 어떻게 유급 노동으로 전환할 것인가 하는 문제에 골몰할 뿐이다. 이런 요구들이 계속 압박을 가하는 한, 완전 고용이라는 목표는 발전만큼이나 미심쩍어 보인다. 그러나 때마침 일 자체의 본질을 문제 삼는 새로운 등장인물들이 나타나 스포트라이트를 받고 있다. 이들은 유급, 무급을 막론하고 산업적 틀 안에 조직된 노동과 구분하여, 고용과 전문가의 속박을 벗어난 데서 이뤄지는 생계 창출에 대해 주목한다. 이들의 논의 덕분에 수직축의 핵심 문제가 더 확연히 드러나고 있다. 즉 인간을 성장 중독자로 보는 관점에 동의하는가 하지 않는가에 따라, 실업(급여와 관계없이 일할 명실상부한 자유)을 안타까운 현실이자 불행한 저주로 볼 것인지, 아니면 유용한 기회이자 권리로 볼 것인지도 결정되는 것이다.

상품집약적 사회에서는 임금 노동의 생산물을 통해서만 기본적 필요가 충족된다. 이 점에서는 주거와 교육이 다르지 않고 교통과 분만이 다르지 않다. 이런 사회에서는 직업윤리마저도 임금을 받는 고용만을 인정하고 독립적으로 먹고 사는 행위는 폄하한다. 그러나 임금 노동의 파급력은 여기서 그치지 않고 무급 노동을 두 유형의 상반된 활동으로 갈라놓기까지 한다. 임금 노동이 예전의 무급 노동 영역을 잠식해온 현상은 자주 언급되고 있지만, 새로운 종류의 무급 노동을 만들어냈다는 사실은 줄기차게 외면당해 왔다. 즉 산업노동과 서비스에 대한 **보완물**로서의 무급 노동이 그것이다. 상품집약적 경제에 봉사하는 것으로서의 강제 노동 또는 산업적 예속은 산업 체제 밖에서 이뤄지는 자급자족적 노동과 면밀하게 구별되어야 한다. z축 상의 위치를 선택함에 있어서 두 종류의 노동을 명확하게 구분하지 않는다면, 전문가들의 지도에 따라 이뤄지는 무급 노동이 억압적인 복지 생태계 전체에 확산될 수 있다.

오늘날 가정 부문에서 여성이 겪고 있는 예속은 가장 뚜렷한 사례이다. 우선 가사 노동은 무급이다. 그리고 여자가 하는 대부분의 일은 남자와 합심해 집안 전체를 이용함으로써 가족 구성원의 생계를 만들어내는 것이 아니므로 자급자족 활동도 아니다. 오늘날의 가사는 생산 활동을 지원하기 위해 만든 산업적 일용품들에 맞춰 획일화되었을 뿐 아니라, 여성으로 하여금 여성 특유의 방식으로 임금 노동을 위한 재생산, 재충전 및 자극제 역할을 하도록 강제한다. 여성주의자들이 훌륭하게 천명했듯이 가사 노동은 거대한 그림자 노동의 한 가지 사례로서, 이 그림자 노동은 산업사회 전 영역에서 임금 노동을 확대하기 위한 필수적 보완물로서 발전해온 것이다. 따라서 이런 그림자 보완물은 공식 경제와 더불어 산업적 생산양식의 필수 구성요소를 이룬다. 양자역학 이전에는 소립자에 파동의 성질이 있다는 것을 몰랐듯이, 그림자 경제 또한 경제학의 분석 대상이 되지 못했을 뿐이다. 그렇다고 해서 공식 경제 부문을 설명하기 위해 만든 개념들을 섣불리 그림자 경제에 적용하게 되면, 현상을 간과하는 것을 넘어 왜곡까지 할 수 있다. 두 가지 무급 활동—임금 노동의 보완물로서의 그림자 노동과, 임금 노동 및 그림자 노동 모두에 대해 경쟁하고 대항하는 자급자족적 노동—사이의 진짜 차이점은 여전히 간과될 수 있다. 이렇게 자급자족 활동이 점차 희귀해짐에 따라 모든 무급 활동은 가사 노동과 비슷한 구조를 띠게 된다. 성장 지향적 노동은 유급이건 무급이건 획일화되고 관리되는 활동으로 귀결될 수밖에 없는 것이다.

반면에 자급자족 중심의 생활양식을 선택한 공동체에서는 이와 상반된 노동관이 우위를 점한다. 이런 공동체에서는 정반대의 발전, 즉 소비재를 사는 대신 사람이 몸소 제작을 하고 산업적 도구 대신 공생공락의 도구(convivial tools)를 이용하는 것을 목표로 삼는다. 이런 사회에서는 노동의 산물인 재화와 서비스가 강제적인 소비 대상이 아니라 창의적인 활동의 수단으로서만 가치를 지니기 때문에 임금 노동과 그림자 노동 모두 쇠퇴할 수밖에 없다. 여기서는 기타가 음반보다 귀하게 여겨지고, 도서관이 교실보다 귀하며, 텃밭이 슈퍼마켓 식품 코너보다 귀하게 대접받는다. 또한 이런 사회에서는 노동자가 자신의 생산 수단을 개별적으로 어떻게 통제하느냐에 따라 각 사업의 작은 지평이 결정된다. 이 지평은 사회적 생산의 필요조건이자 노동자들이 저마다 개성을 발휘하기 위한 필요조건이다. 물론 이러한 생산양식은 노예제와 농노제를 비롯한 기타 의존적 경제 형태에서도 존재할 수 있다. 하지만 이런 생산양식이 만개하여 활력을 얻고 적절하고도 모범적인 형태를 갖추려면 노동자가 도구와 자원을 자유롭게 소유하는 수밖에 없다. 그럴 때만 일개 직공도 거장과 같은 성취를 이룰 수 있다. 이런 생산양식은 오로지 자연이 생산과 사회에 정해준 한계 안에서만 유지가 가능하다. 여기서는 실업도 쓸모 있는 것으로 가치를 인정받으며, 임금 노동은 한계를 넘지 않는 한에서만 용납된다.

발전을 거부하는 사람들

1949년 1월 10일을 성인으로 보낸 사람은 발전 패러다임을 더 쉽게 거부할 수 있다. 트루먼 대통령이 '포인트 포 계획'[1]을 발표한 이날 처음으로 대다수 사람들이 '발전'이란 단어를 지금의 의미로 들었기 때문이다. '발전'이라면 이전에는 생물종의 진화나 부동산 개발, 체스 수의 전개 따위를 뜻했는데, 트루먼 발표 뒤

1 Point Four Program. 저개발국에 대한 기술지원과 경제 원조를 위해 입안된 미국의 정책.

로는 사람, 국가, 경제 전략을 일컫는 말이 되었다. 이후로 온갖 발전 이론이 홍수처럼 쏟아졌다. 성장, 격차 해소, 근대화, 제국주의, 이중구조, 종속, 기본 수요, 기술 이전, 세계 체제, 자생적 산업화, 일시적 단절 등의 개념들이 호사가의 수집거리가 되었다. 이런 물결들은 늘 두 가지 파도로 밀려들었는데, 하나는 자유 기업과 세계 시장을 강조하는 실용주의자들을 실어 왔고, 다른 하나는 이념과 혁명을 부르짖는 정치가들을 실어 왔다. 이론가들은 처방을 산더미처럼 쏟아냈고 서로를 조롱했다. 하지만 그 아래에는 예외 없이 '발전'이라는 공통의 가정이 깔려 있었다. 이제는 이 관념 자체에 숨은 공리를 파헤쳐야 할 때다.

기본적으로 '발전'이란 개념은 자급자족 활동이 지닌 폭넓고도 의심할 여지 없는 능력을 상품 사용과 소비로 대체함을 뜻한다. 또한 발전은, 임금 노동이 다른 모든 형태의 노동에 대해 독점을 행사하는 것, 전문가의 설계에 따라 대량 생산되는 재화와 서비스의 관점에서 필요를 재정의하는 것, 환경의 재편을 통해 시간, 공간, 물질, 설계를 생산-소비에 적합하도록 바꿈으로써 사용가치 중심의 활동을 저하시키고 마비시켜서 필요를 직접 충족할 수 없게 하는 것 등을 뜻한다. 전 세계에서 판박이처럼 펼쳐지는 이 모든 변화 과정은 '필연적이고 좋은 것'이라는 가치를 부여받는다.

이론가들이 무대 윤곽을 그리기도 전에 이미 멕시코의 뛰어난 벽화가들은 그 전형적 인물들을 극적으로 표현한 바 있다. 이들의 그림에서는 기계 뒤에 선 남자나 흰 가운을 입고 현미경을 들여다보는 남자가 이상적인 인간형으로 묘사된다. 남자는 산에 터널을 뚫고 트랙터를 운전하고 굴뚝에 연료를 공급한다. 여자는 그런 남자들을 출산하고 기르고 가르친다. 아스텍인들이 자급자족적 삶을 영위하는 것과 대조적으로, 디에고 리베라나 호세 클레멘테 오로스코와 같은 벽화가들은 산업 노동만이 삶과 쾌락에 필요한 모든 물품의 유일한 원천임을 묘사한다.

하지만 이제 산업적 인간이라는 이상은 사그라지고 그 이상을 보호하던 금기들도 약해지고 있다. 임금 노동의 존엄과 기쁨을 찬양하는 구호들은 소음으로 들릴 뿐이다. '실업'은 고정 수입이 없는 사람을 일컫는 용어로 1898년 처음 도입되었지만, 이제는 세계 인구 대부분이 근근이 살아가고 있는 형편을 이르는 말이 되었다. 그것은 심지어 산업이 절정기일 때도 다르지 않다. 특히 동유럽과 중국에서는 1950년 이후 '노동계급'이라는 용어가 신흥 부르주아와 그 자녀의 특권을 감추는 허울로 널리 쓰였다. 빈민의 영웅을 자처하는 자들이 고용과 성장을 내세워 발전의 그 어떤 대안도 고려하지 못하도록 가로막았으나, 이제는 고용을 창출하고 성장을 촉진할 '필요' 자체가 명백히 의심받고 있다.

발전에 맞서는 도전은 여러 형태로 나타나고 있다. 독일만 해도 수천 개 그룹이 산업적 생활방식에 대해 나름의 대안들을 실험하고 있으며, 프랑스나 이탈리아도 마찬가지다. 이들 중 특히 늘고 있는 사람들은 노동계급 출신들이다. 이들 대부분은 임금으로 생계를 꾸리는 것에 아무런 긍지도 느끼지 않는다. 시카고 남부 빈민가에서 쓰는 표현을 빌리자면, 이들은 "소비로부터 그 자신을 플러그 뽑듯 뽑아내려고" 한다. 미국에서는 400만 명 넘는 사람들이 이렇게 고도로 차별화된 자그마한 공동체의 중심부에서 살아가며, 이런 가치를 심적으로 공유하는 사람도 최소 일곱 배에 이른다. 여성은 산부인과의 대안을 찾고 있으며, 부모는 학교의 대안을, 주택건설업자는 수세식 화장실의 대안을, 이웃끼리는 통근의 대안을, 주민들은 쇼핑센터의 대안을 찾고 있다. 인도 남부의 트리반드룸에서는 특수한 종류의 상품 의존—즉 학습의 특권적 형태인 학교와 졸업장—에 대해 매우 성공적인 대안을 찾아냈다. 1,700개 마을에 도서관을 짓고 도서관마다 1,000권 이상의 장서를 비치한 것이다. 이 시설은 '케랄라 샤스트라 사히트야 파리샤드'[2]의 정식 회원이 되기 위한 최소 요건으로, 회원 자격을 유지하려면 연간 3,000권 이상의 대출 실적을 올리면 된다. 나는 이렇듯 인도 남부에서나마 마을을 기반으로 자금을 자체 조달하는 도서관이 등장하면서 오히려 학교가 도서관의 부속시설이 된 것을 보고 큰 용기를 얻었다. 최근 10년간 다른 곳의

2 Kerala Shastra Sahitya Parishad. 케랄라 과학문예운동. 인도 케랄라 주에서 1962년 시작된 민중 과학운동이다.

도서관들이 전문교사의 수업을 위한 교보재 창고로 전락한 것과는 정반대인 셈이다. 인도 비하르 주에서도 메디코 인터내셔널이 중국의 '맨발의 의사'[3]와 같은 함정에 빠지지 않고 보건을 탈의료화하려는 풀뿌리 운동을 벌이고 있다. 반면 '맨발의 의사'는 결국 국가 생명통제체제 밑바닥의 하수인으로 전락하고 말았다.

발전에 도전하는 사람들은 이러한 실험적 형태들 외에 법적-정치적 수단을 사용하기도 한다. 1979년 오스트리아 국민투표에서는 당시 크라이스키 총리가 유권자들에 대해 정치적 영향력이 컸음에도 불구하고 완공된 핵발전소의 가동을 승인하지 못하도록 압도적 다수가 반대표를 던졌다. 생산 기술에 대한 부정적 설계 기준[4]을 관철하기 위해 시민들은 이익집단의 압력이라는 전통적 방법과 더불어 투표와 소송을 점차 더 많이 활용하고 있다. 유럽에서는 '녹색' 후보가 선거에서 세를 늘리고 있고, 미국에서는 고속도로와 댐 건설을 중단시키려는 시민들의 법적 행동이 일어나고 있다. 10년 전만 해도 상상할 수 없던 사건들이다. 물론 권력을 쥔 자들은 여전히 이런 행동의 정당성을 인정하지 않는다. 하지만 거대도시에서 일고 있는 이런 풀뿌리 생활양식과 행동은 해외 개발이라는 최근의 개념뿐 아니라 자국 내 진보와

3 정식 명칭은 '적각의생'(赤脚醫生)으로, 의사가 없는 중국 오지 농촌에서 현지 농부에게 최소한의 의료 교육을 시켜 마을사람들을 돌보게 한 정책.
4 설계 대상이 꼭 지키도록 강제하는 최소한의 기준.

'필요'라는 더 근본적인 개념에 대해서도 도전장을 내밀고 있다.

'발전'의 역사적 뿌리

이 시점에서 서구가 말하는 '필요'가 어디서 비롯되었는지 출처를 밝히고 그로 인해 꼬여버린 매듭을 풀어내는 것이야말로 역사가와 철학자의 임무다. 그래야만 우리는 어떻게 이 개념이 계몽의 탈을 쓰고서 이토록 지독한 착취를 낳았는지 이해할 수 있을 것이다. 필요에 대한 믿음 배후에는 2천 년간 서구를 지배했고 로마 쇠망 이후 서구와 서구 바깥의 관계를 결정한 관념, 즉 '진보'가 놓여 있다. 서구 사회는 초월적 신들에게서 자신을 볼 뿐만 아니라 변경 너머 이방인에게서도 스스로를 비춰본다. 서구는 산업사회 특유의 관념인 '우리'와 '그들'의 이분법을 수출했다. 자신과 타자에 대한 이 독특한 태도가 오늘날 전 세계에 전파되면서 유럽발 보편주의의 사명이 비로소 완수되었다. 이런 마당에 발전을 새로 정의해봐야, 국내외 비공식 부문마저 전문가의 식민지로 전락시킴으로써 공식 경제에 대한 서구의 경제적 지배만을 강화할 뿐이다. 이런 함정에 빠지지 않으려면 현재 '발전'으로 통칭되는 개념이 과거로부터 어떻게 여섯 단계로 탈바꿈해왔는지를 우선 이해해야 한다.

어느 공동체나 타자를 대하는 독특한 태도가 있다. 이를테면 중국인들은 이방인이나 하인을 부를 때 비하하는 표현을 꼭 붙인다. 그리스인들은, 이웃 폴리스의 주민은 손님으로 여긴 반면 그 밖의 사람들은 온전한 인간이 아닌 야만인(barbarian)으로 치부했다. 로마에서는 야만인도 시민이 될 수 있었지만 무슨 의도나 사명감이 있어서 그런 것은 아니었다. 이방인을 '도움이 필요한 사람', 맞아들여야 할 사람으로 보기 시작한 것은 서유럽 교회가 득세한 고대 후기부터였다. 이방인을 짐으로 보는 이 견해는 곧 서구 사회의 토대가 되었다. 이렇듯 바깥 세계에 대한 보편적 사명이 없었다면 우리가 서구라 일컫는 것은 탄생하지 않았을 것이다.

외부인을 '도와주어야 할 사람'으로 보는 관념은 이후 여러 형태로 계승되었다. 고대 후기에는 야만인이 이교도(pagan)로 탈바꿈했다. 발전을 향한 두 번째 단계가 시작된 것이다. 이교도는 '세례는 받지 않았으나 기독교인이 될 운명을 타고난 자'로 정의되었다. 이교도에게 세례를 베풀어 기독교 세계에 받아들이는 것은 교회에 속한 이들의 의무였다. 중세 초기부터 대다수 유럽인들이 세례를 받았는데, 심지어 개종하지도 않고 세례를 받는 경우까지 있었다. 그러다가 무슬림이 등장했다. 무슬림은 고트족이나 색슨족과 달리 일신교를 믿었으며 독실한 신앙인이었다. 그들은 개종을 거부했다. 따라서 세례를 베푸는 것에 그치지 않고 그들을 굴복시키고 교육해야 할 필요성이 제기되었다. 그리하여 이교도는 불신자(infidel)로 탈바꿈했으니 이것이 세 번째 단계다.

중세 후기가 되자 이방인 상(像)이 또다시 탈바꿈했다. 무어인들이 그라나다에서 쫓겨났고 콜럼버스가 대서양을 항해했으며 스페인 왕실이 교회의 역할을 상당수 대신했다. 신앙을 위협하는 불신자의 상이 인문주의자의 문명화 기획을 위협하는 미개인(wild man)의 상으로 바뀌게 된 것이다. 네 번째 단계였다. 또한 이때 처음으로 이방인은 경제와 관련된 용어로 기술되었다. 괴물, 유인원, 미개인에 대한 많은 연구를 보건대, 이 시기의 유럽인은 미개인을 '필요를 지니지 않은 존재'로 보았음을 알 수 있다. 이 독립성 덕분에 미개인은 고결한 존재이되 식민주의와 중상주의의 기획에 위협적인 존재로 여겨졌다. 미개인에게 '필요'를 심어주려면 그를 원주민(native)으로 탈바꿈시켜야 했다. 이것이 다섯 번째 단계다. 스페인 법원은 오랜 숙의 끝에 적어도 신세계의 원주민에게는 영혼이 있으며 따라서 이들도 인간이라고 판결했다. 미개인과 달리 원주민에게는 '필요'가 있었으나 이 필요는 문명인의 필요와 달랐다. 원주민의 필요는 기후, 인종, 종교 및 신의 섭리에 따라 고정되어 있었다. 애덤 스미스는 원주민의 필요에 융통성이 있는가를 고민했다. 군나르 뮈르달이 간파했듯이, 식민주의를 정당화하는 동시에 식민지를 관리하려면 원주민 고유의 필요를 만들어내야 했다. 원주민에게 정부와 교육, 상업을 제공하는 것은 400년 동안 백인이 스스로 짊어진 짐이었다.

서구는 이방인에게 새로운 가면을 씌울 때마다 옛 가면을 버렸다. 옛 가면은 자신이 내다 버린 자아상을 우스꽝스럽게 닮았기 때문이었다. 기독교 세계가 십자군 전쟁을 벌이려면 본디 기독교인의 영혼을 지닌 이교도를 고집 센 불신자로 둔갑시켜야 했다. 세속적 인문주의 교육의 필요를 정당화하려면 그들은 미개인이어야 했다. 또 원주민은 독선적 식민 지배를 옹호하기 위한 중요 개념이었다. 하지만 제2차 세계대전이 끝나고 마셜 플랜이 발표될 즈음, 즉 초국적 재벌이 문어발을 뻗치고 초국적 교육 전문가와 치료 전문가와 계획 전문가가 거침없이 활개 치는 시절이 되자, 재화와 서비스에 대한 원주민의 제한적 수요가 성장과 진보에 걸림돌이 되었다. 원주민은 저개발국민(underdeveloped people)으로 탈바꿈해야 했다. 이것이 서구가 외부인을 바라보는 여섯 번째이자 현재의 단계다. 따라서 식민지 해방은 곧 개종의 과정이었다. 호모 에코노미쿠스의 극단적 형태로, 모든 필요가 상품에 의해 정의되는 호모 인두스트리알리스(homo industrialis, 산업적 인간)라는 서구적 자아상을 전 세계가 받아들인 것이다. 20억 인구가 스스로를 저개발국민으로 규정하는 데 겨우 20년이면 족했다. 브라질에 군사정권이 들어서기 직전 열린 1963년 리우 삼바축제가 생생하게 떠오른다. 우승한 삼바 팀의 주제는 '발전'이었고, 무용수들은 북소리에 맞춰 발을 구르며 "발전!"이라고 외쳤다.

무른 기술의 함정

높은 1인당 에너지 소비량과 고도화된 전문적 돌봄에 토대를 둔 '발전'은 서구가 그간 벌인 선교 활동 중에서도 가장 해로운 것이다. 이 기획은 인간이 자연을 통제한다는, 생태적으로 실현 가능성이 없는 관념을 길잡이 삼고 있다. 또한 이 기획은 문화의 보금자리와 둥지를 전문 서비스의 멸균 병동으로 대체하려는, 인류학적으로 사악한 시도의 안내를 받고 있다. 병원은 신생아를 뱉어내고 죽어가는 이를 다시 빨아들이며, 학교는 아직 직업을 갖지 않았거나 이직 중이거나 퇴직한 고용인들에게 일을 시키기 위해 운영된다. 아파트는 슈퍼마켓을 오가는 사람들을 임시로 수용하며, 차고와 차고를 잇는 도로들은 발전의 짧은 흥청거림을 틈타 자연경관에 온통 문신을 새겨 놓았다. 이런 시설들은 '평생젖먹이'를 유모차에 태워 병원에서 학교로, 직장으로, 경기장으로 실어 나르기 위해 설계된 것이지만, 이제는 대성당처럼 기이하게 서 있다. 성당의 심미적 매력조차 없이 말이다.

그러므로 이제 우리에게는 생태적-인류학적 현실주의가 필요하다. 하지만 신중을 기해야 한다. 대중은 무른 기술을 요구하지만 그게 무엇인지는 애매하기 때문이다. 우파와 좌파 모두 이것을 자기 것이라 주장한다. z축 상에서 무른 것은 꿀이 가득한 벌집[5]을 만드는 데 기여하기도 하고, 독립된 행위자들로 이루어진

다원적 사회를 만드는 데 기여하기도 한다. 무른 선택지는, 국내에서는 유모 사회의 재등장을 용이하게 하고 해외에서는 선교열정을 또 한 번 둔갑시키는 데 손쉽게 동원된다. 예를 들면 에이머리 로빈스[6]는 얼마나 빨리 무른 길로 갈아타느냐에 따라 미래 성장 가능성이 결정된다고 주장한다. 이렇게 해야만 이 세대가 지나기 전에 부자 나라의 실질소득이 두 배로 증가하고 가난한 나라의 실질소득이 세 배로 증가할 수 있다는 것이다. 화석연료에서 태양에너지로 이행함으로써만 생산에 수반되는 외부비용을 대폭 절감하여 폐기물 배출과 폐기업자 고용에 들어가는 비용을 이익으로 돌릴 수 있다는 것이다. 나도 동의한다. 원하는 것이 성장이라면 로빈스의 말이 옳다. 유정(油井)보다는 바람개비에 투자하는 것이 더 안전할 테니 말이다. 전통적인 좌파와 우파, 관리형 민주주의자나 사회주의적 전체주의자를 **막론하고**, 무른 공정과 무른 에너지는 재화와 서비스의 생산을 표준화함으로써 자기들의 관료제를 확대하고 점증하는 '필요'를 충족시키는 데 필수적인 근거가 되고 있다.

세계은행은 서비스 부문에 대해서도 같은 논리를 편다. 다소

---

5 버나드 맨더빌의 『꿀벌의 우화』를 빗댄 표현. 맨더빌은 꿀을 두고 아귀다툼을 하는 꿀벌들(개인)의 이기심이 꿀이 가득한 벌집(사회)을 만든다고 주장한다.

6 Amory B. Lovins. 미국의 환경운동가이자 물리학자. 에너지 효율의 고도화로 환경보전과 성장을 동시에 이룰 수 있다고 주장하는 대표적인 녹색성장주의자이다.

효율이 떨어질지라도 노동집약적인 산업생산 형태를 채택해야만 교육이 도제 양성의 목적에 부응할 수 있다는 것이다. 너무 효율화된 공장들은 자기네 전제 조건이 되는 공식 교육에 막대하고 값비싼 외부효과를 떠넘기기만 할 뿐 직무를 가르치지 못하기 때문이다. 마찬가지로 세계보건기구도 이제 예방과 자가치료를 역설한다. 그래야만 세계인의 보건 수준을 끌어올리면서도 값비싼 치료법—여전히 의사들의 주 업무이지만 대부분 효과가 검증되지 않은—을 버릴 수 있기 때문이다.

19세기 사회주의자들이 산업사회의 이상으로 여긴 18세기 자유평등주의적 유토피아는 자조(self-help)의 무른 길에서만 실현 가능한 것처럼 보인다. 이 점에서는 우파와 좌파가 한목소리다. 히틀러와 울브리히트 치하에서 8년간 고독한 감금 생활을 하면서 신념을 다듬고 벼린 교양 있는 공산주의자 볼프강 하리히[7]는 동유럽에서 무른 길을 옹호하는 대표적 인사다. 하지만 로빈스는 분권화된 생산으로 전환하려면 시장을 통할 수밖에 없다고 본 반면, 하리히는 이러한 전환의 필요성을 스탈린주의 생태학의 논거로 삼는다. 좌파와 우파, 민주주의자와 전체주의자를 막

---

7 Wolfgang Harich. 동독 철학자이자 언론인. 한때 '동독 공산당(SED)의 가장 뛰어난 두뇌'로 평가받기도 했으나, 울브리히트 서기장 시절 문화정책의 자유화를 주장하다가 1956년 반혁명 음모죄로 체포되어 1964년까지 수감되었다. 성장이 아닌 생태주의에 기초한 공산주의를 주장했다.

론하고 무른 공정과 무른 에너지는 재화와 서비스의 생산을 표준화하여 점증하는 '필요'를 충족하는 필수적 수단이 되고 있다.

따라서 무른 길을 따라가다 보면, 사람들이 생존과 쾌락에 필요하다고 판단하는 것을 무엇이든 스스로 할 수 있는 공생공락의 사회에 도달할 수도 있고, 반대로 완전 고용을 명분 삼아 모든 무급 유급의 활동을 정치적 관리 아래 두는 새로운 종류의 상품 의존 사회에 도달할 수도 있다. '왼쪽' 길이나 '무른' 길이 새로운 형태의 '발전'과 '완전 고용'으로 가는 길인지, 거기서 벗어나는 길인지는 세 번째 축에서 '소유'와 '존재' 중 무엇을 선택하느냐에 달렸다.

성차별 노동으로서의 무급 노동

임금 노동이 확대되면 될수록 그 그림자인 산업적 예속 역시 자라난다는 사실을 우리는 보았다. 생산의 지배적 형태인 임금 노동과 그것의 이상적 보완물인 무급의 가사 노동은 둘 다 역사적으로나 인류학적으로나 유례를 찾아볼 수 없는 형태의 활동들이다. 두 노동은 처음에는 절대국가가, 나중에는 산업국가가 자급자족적 삶의 사회적 조건을 파괴한 곳에서 번창해왔다. 소규모의 다채로운 토박이 공동체들이 사회학적으로나 법적으로나 불가능해짐에 따라 이 노동들이 세계 각지에 퍼지게 되었고, 이런 세계에서 개인들은 산업 제도의 기계적 공급자들이 제공하는 교육, 의료, 운송 등의 서비스 패키지들에 의존함으로써만 일생을 보낼 수 있게 되었다.

지금까지의 경제 분석은 상보적인 산업 활동들 가운데 오직 하나에만 초점을 맞추어 왔다. 노동자 가운데 임금을 받는 생산자에만 주목해온 것이다. 비고용자가 수행하는 활동 역시 똑같이 상품 지향적인데도 경제학의 탐조등이 비추지 않는 그늘에 남겨져 있었다. 여성이나 아동이 하는 일, 남성이 '업무시간' 이후에 하는 일은 하찮은 것으로 치부되어 왔다. 하지만 이런 인식은 빠르게 바뀌고 있다. 산업 체제에 대한 무급 노동의 기여가 얼마나 중요한지, 어떤 성격을 가지고 있는지에 대해 사람들이 관심을 가지기 시작한 것이다. 노동의 역사와 인류학에 대한 여성주의 관점의 연구 덕분에, 산업사회의 노동이 다른 어떤 사회보다 더 깊게 성차(性差)를 나타낸다는 사실을 무시할 수 없게 되었다. 19세기 들어 여성들은 '선진국'을 중심으로 임금 노동에 진출했으며, 뒤이어 참정권, 동등한 학교 교육을 받을 권리, 동등한 직업 선택권을 쟁취하게 되었다. 하지만 이 모든 '승리'는 통념과는 정반대의 결과를 가져왔다. '해방'은 역설적으로 유급 노동과 무급 노동의 차이를 더 극명하게 드러냈다. 무급 노동과 자급자족적 활동 사이의 연결고리는 모조리 끊어졌다. 그리하여 무급 노동의 구조가 새로 정의되었고, 여성은 무급 노동이라는 새로운 종류의 예속을 피할 수 없게 되었다.

성별 고유의 작업은 새로운 현상이 아니다. 우리가 아는 사회는 모두 양성에 고유한 역할을 부여해왔다. 이를테면 건초용 풀을 베는 것은 남성이, 긁어모으는 것은 여성이, 쌓는 것은 남성이, 싣는 것은 여성이, 나르는 것은 남성이, 소에게 먹이는 것은 여성이, 말에게 먹이는 것은 남성이 했다. 하지만 다른 문화권을 아무리 들여다보아도 오늘날의 노동 분업과 같은 구분-즉 유급 노동과 무급 노동, 생산적으로 취급되는 노동과 재생산 및 소비에 관계된 노동, 중요하게 간주되는 노동과 하찮게 간주되는 노동, 특별한 자격이 필요한 노동과 그렇지 않은 노동, 높은 사회적 평가를 받는 노동과 사적인 일로 치부되는 노동의 구분-은 찾아볼 수 없다. 그러나 두 노동은 산업적 생산양식의 대등한 근본요소들이다. 둘의 차이점은, 유급 노동의 잉여는 고용주가 직접 징수하는 반면, 무급 노동이 만드는 부가가치는 임금 노동을 경유해서만 고용주에게 도달한다는 것뿐이다. 성의 경제적 분화가 잉여를 창출하고 회수하는 수단으로 동원되는 현상은 다른 어떤 사회에서도 찾아볼 수 없다.

가족 구성원이 집안 전체를 터전 삼아 생계에 필요한 것들을 대부분 행하고 만드는 사회에서는 일터를 벗어난 무급 노동과 고용에 따른 유급 노동을 구분한다는 것은 생각조차 할 수 없는 일이었다. 임금 노동과 그림자 노동의 흔적은 여러 사회에서 찾아볼 수 있지만, 어디에서도 이것이 사회의 노동 패러다임이 되거나 성별 고유의 작업에 대한 일차적 상징으로 쓰이지 않았다. 이러한 두 유형의 노동은 존재하지 않았기에, 가족의 존재 이유가 상반된 두 종류의 노동을 짝짓기 위한 것일 수도 없었다. 핵가족이든 확대가족이든 가족이 상호보완적이면서 상호배타적인 두 노동, 즉 하나는 주로 남성에게 배당되고 다른 하나는 여성에게 배당된 노동들을 연결하는 수단이었던 적은 역사상 어느 시점에도 없었다. 두 상반된 활동이 가족을 매개로 불가분의 혼인관계를 맺는 이 공생 현상은 상품집약적 사회만의 특징이다. 지금에서야 우리는 이 현상이 발전과 완전 고용의 추구에서 비롯된 필연적 결과임을 이해하고 있다. 이런 종류의 노동은 존재한 적이 없었기에 성 역할이 이토록 딱 잘라 정의된 적도 없었고, 남성과 여성의 자질이 이렇게 뚜렷하게 나뉜 적도 없었으며, 가족이 두 노동을 이어붙이는 땜납으로 변형된 적도 없었다.

산업 노동의 무미건조한 역사는 이런 식으로 경제학의 사각지대를 없애왔다. **호모 에코노미쿠스**는 한 번도 중성적인 적이 없었다. 그것은 애초부터 **비르 라보란스**(vir laborans)와 **페미나 도메스티카**(femina domestica) 즉 '일하는 남자'와 '집안일 하는 여자'라는 커플로 창조되었고, 이로부터 **호모 인두스트리알리스**가 탄생했다. 완전 고용이라는 목표를 향해 발전해 온 사회치고 그림자 노동이 고용 노동과 나란히 성장하지 않은 곳이 없다. 그림자 노동은 여성이 더 우세할 수밖에 없는 활동을 깎아내리고 남성에게 유리한 활동을 높여주는, 전례 없이 효과적인 장치가 되었다.

하지만 최근 들어 생산과 소비의 역할에 대한 정통적 구분은 더 이상 유지될 수 없게 되었다. 대립된 이해관계들로 인해 무급 노동의 중요성이 갑자기 공적 관심사로 떠올랐기 때문이다. 경제학자들은 '비공식' 부문에서 벌어지는 활동에 그림자 가격을 매긴다. 이를테면 고객이 케이크를 고르고 값을 치르고 가져감으로써 케이크의 가치를 증대시키는 활동, 성행위에서 얻는 한계효용, 심장수술과 비교할 때 조깅이 갖는 가치 등을 화폐로 환산한다. 이제 가정주부는 가사 노동에 대해 숙박업소나 식당에서 일할 때와 맞먹는 대가를 요구한다. 교사는 훈련을 받았지만 보수는 받지 않는 숙제 감독관으로 학부모를 임명하고 있다. 정부 보고서를 보면, 일반인들이 보수를 받지 않고도 능히 이런 서비스들을 제공해야만 비로소 전문적으로 정의된 기본적 필요가 충족될 수 있다고 나와 있다. 그러니 성장과 완전 고용이라는 목표를 여전히 포기하지 않는다면, 훈련받은 사람들을 금전적 보상 없이 일하게끔 만드는 경영방식이 '발전'의 최종 형태로 펼쳐질 것이다. **호모 인두스트리알리스**는 이제 청바지 차림으로 경제의 성적 통합을 추구하고 있다.

자급자족을 회복하는 길

나는 z축 꼭대기에 그림자 경제에서의 삶이 아닌 '토박이 노동'의 개념을 둘 것을 제안한다. 토박이 노동은 생계를 꾸리고 향상시키는 무급 활동이지만, 공식 경제학에서 발전시킨 개념들로는 전혀 분석되지 않는다. 내가 이러한 활동에 대해 **토박이**(vernacular)라는 용어를 붙인 이유는, '비공식 부문', '사용가치', '사회적 재생산' 같은 말로 포괄되는 영역 내에서는 이 같은 구분을 할 수 있는 개념이 현재에는 달리 없기 때문이다. 'vernacular'의 어원은 라틴어인데, 영어에서는 직업 교사에게 배우지 않고 습득한 토박이말을 가리킬 때만 쓴다. 그러나 로마에서는 기원전 500년에서 기원후 600년까지 집에서 키우거나 만들고 공유지에서 얻은 것들, 즉 시장에서 사고팔지는 않지만 개인이 지키고 보살피는 모든 가치를 일컫는 말로 쓰였다. 나는 이 단순한 용어를 상품과 그림자의 반대말로 다시 쓰자고 제안한다. 그래야만 현 상황이 그림자 경제의 확대로 가고 있는 것인지, 역으로 토박이 영역의 확대로 가고 있는 것인지 구별할 수 있을 것이다.

토박이 노동과 산업적 노동 사이의 긴장과 균형은 사회 형태를 선택하는 세 번째 차원에서 가장 핵심이 되는 사안이다. 그것은 좌냐 우냐 하는 정치적 선택이나 굳은 기술이냐 무른 기술이냐 하는 기술적 선택과는 별개의 것이다. 물론 유급이든 아니든 산업 노동은 사라지지 않을 것이다. 하지만 발전이라는 이름 아래 임금 노동과 그림자 노동이 토박이 노동을 잠식해간다면, 이들 가운데 어디에 상대적 우선권을 둘지 고민하지 않을 수 없다. 우리는 유급이든 무급이든, 자발적이든 강요된 것이든, 위계적으로 관리되는 표준화된 노동을 선택할 수도 있고, 이와는 반대로 늘 새로운 형태를 띠곤 하는 단순하고도 통합적인 자급자족 활동을 선택할 수도 있다. 즉 관료주의로서는 예측할 수도 없고 위계질서로 통제할 수도 없지만, 특정 공동체가 공유하는 가치들을 중심으로 펼쳐지는 그런 활동 말이다.

무른 기술을 선택해도 경제는 팽창할 수 있는데, 어떤 식으로든 경제가 팽창하면 그림자 경제는 더 빨리 성장할 수밖에 없으며 토박이 영역은 더욱 쇠퇴할 수밖에 없다. 이렇게 되면 일자리가 부족해져서 실업자들은 비공식 부문에 새로 편성된 활동들에 몸담을 수밖에 없게 된다. 즉 실업자 남성 역시 생산을 촉진하기 위한 무급 활동에 종사하는 이른바 '특별대우'를 받게 되는 것이다. 이런 무급 활동은 19세기에 가사 노동 형태로 처음 등장한 이래 의도적으로 '약한 성'을 위해 배정된 것인데, 이 표현을 처음 쓰던 당시부터 이미 여성의 임무는 자급자족보다는 산업적 농노에 가까웠다. 이제는 남성까지 이런 무급 활동에 종사함에 따라 애정에서 우러나오던 '돌봄'은 성적 특성을 잃고 국가의 관리 대상으로 전락하는 과정에 처하게 되었다.

이런 길을 따르다 보면 발전의 국제화와도 마주치게 된다. 해외의 비공식 부문을 발전시키려는 기술 원조는 자국의 실업자를 새로운 무성(無性)의 무급 노동자로 길들인 것과 똑같은 결과를 낳을 것이다. 이미 공항과 회의실에는 자조 방식이나 풍차 설계를 별 차이도 없는 독일식에서 프랑스식으로 바꾸라고 압박하는 새로운 전문가들이 진을 치고 있는 중이다. 발전 관료들의 마지막 희망은 그림자 경제를 발전시키는 데 있다.

그러나 내가 앞에서 언급한 발전 반대론자들 중 상당수는 이 모든 것에 대해 반대 입장을 취한다. 이들은 무른 기술이라 하더라도 그것이 본질적으로 토박이 영역을 축소하고 비공식적 부문의 활동에 대한 전문적 통제를 강화하는 것이라면 반대한다. 하지만 이 새로운 선도자들은 기술적 진보가 새로운 유형의 가치들—즉 전통적이지도 산업적이지도 않으면서 합리적으로 선택된 자급자족 지향적 가치들—을 뒷받침하는 수단으로 쓰일 수도 있다는 생각을 아울러 갖고 있다. 성취 수준은 각기 다를지언정 이들의 삶에서는 빼어난 미적 감각, 기쁨에 대한 각별한 체험, 다른 집단이 이해하기는 해도 반드시 함께할 필요는 없는 특정 집단만의 고유한 인생관 등을 찾아볼 수 있다. 이들은 현대적인 도구를 잘 활용하면 삶의 방식을 다양하게 진화시키고 낡은 자급자족 방식이 지닌 고단함을 덜 수 있다는 사실도 알아냈다. 이들은 자신의 삶에서 토박이 영역을 확대할 자유를 얻기 위해 분투하는 중이다.

인도 트라방코르에서 영국 웨일스에 이르기까지 찾을 수 있는 여러 본보기들은 부의 현대적인 '시연 모델'에 사로잡혀 감각과 행동이 마비되고 병든 대다수 사람들에게 조만간 자유를 선사할 것이다. 하지만 그러기 위해서는 두 가지 조건이 충족되어야 한다. 첫째, 인간을 **호모 인두스트리알리스**가 아닌 **호모 아르티펙스**로 인식함으로써 인간과 도구 사이의 새로운 관계가 만드는 생활양식에 대한 이해를 넓혀야 한다. 둘째, 상품 독립적 생활양식은 작은 공동체 단위로 새로 만들어내야지 외부에서 주입되어서는 안 된다. 토박이 가치 위주로 살아가는 공동체들은 자기 사례가 가진 매력 말고는 타 공동체에 제시할 것이 없기 때문이다. 하지만 가난했던 한 사회가 토박이 노동으로 현대적인 자급자족의 효과를 거둔 사례는, 팽창하는 그림자 경제 내에서 여성과 마찬가지로 사회적 재생산 역할을 선고받은 무직자 남성들을 매료시킬 게 분명하다. 다만, 새로운 방식의 삶과 이 같은 자유를 관철하려면 **호모 에코노미쿠스**로서의 인간이 나머지 모든 인간 존재와 어떻게 다른지를 분명히 깨달아야 한다. 이 목표에 이르기 위한 최선의 길로 내가 선택한 것이 역사 연구다.

2장

토박이 가치

돼지고기와 베고니아의 차이

주변에 있는 사물을 '먹는 것', '먹을 수 있지만 금지된 것', '먹을 수 없는 것'의 세 가지로 나누는 것은 인류 공통의 관념이다. 인도 사람에게 돼지고기는 먹을 수 있지만 먹어서는 안 되는 금기 식품이고 베고니아는 먹을 수 없는 것이다. 돼지고기와 베고니아를 먹는다는 것은 생각조차 못할 일이다. 돼지고기를 먹으면 카스트 신분이 박탈된다. 하지만 그가 베고니아 꽃을 먹는 멕시코 중부 원주민을 만나면 사정이 달라진다. 실상 달라지는 것은 그가 아니라 그를 둘러싼 세상이다. 베고니아가 음식 아닌 것에서 음식으로 바뀌는 것이다.

문제 제기도 이렇게 나눌 수 있다. 어떤 문제 제기는 정당하다고 인정받는다. 또 어떤 문제는 점잖은 자리에서는 제기되지 않는다. 세 번째 문제 제기는 아예 문제로 취급되지도 않는다. 이런 문제를 제기하면 미친 사람 또는 멍청이 소리를 들을 각오를 해야 한다. **토박이 영역**과 **그림자 경제**를 구분하는 일이 바로 이런 종류에 속한다. 이 에세이에서 나는 둘의 구분을 정당한 토론거리로 끌어올리고자 한다.

1970년대를 거치면서 사회적·경제적 분석은 그 범위를 확대해 왔다. 첫째, 환경 제약이 뚜렷이 인식되었고 더 많은 것들이 환경적 제약들로 정의되기 시작했다. 둘째, 노동 및 생산 부문의 암시장이 현대 경제의 버젓한 요소로 인식되기 시작했다. 세법 회피 거래, 비조합원이 끼인 거래, 무허가 거래, 현찰이 아닌 현물지급 거래 등이 정책 입안의 대상에 점차 포함되었다. 이탈리아, 폴란드, 인도에서는 불법 거래 즉 '암시장'의 규모가 합법적 거래의 절반에 이를 정도다. 그럼에도 셋째, 경제학자들은 이 비공식 부문을 침략하여 정책 입안자들의 식민지로 삼도록 지도를 작성했다. 그들은 돼지고기를 먹기 시작했다.

이 장에서 나는 경제적 의미의 돼지고기와 토착적인 베고니아를 구분하고자 한다. 그러나 경제적 돼지고기 곧 암시장 물건과 멀쩡한 음식을 한 밥상에 올리는 것이 정당한지 따지려면 간접적 접근법을 취할 수밖에 없다.

경제학자들은 측정할 수 있는 영역만을 다룰 수 있을 뿐이다. 시장 바깥의 영역을 뒤적이려면 그들에게는 새 젓가락이 필요하다. 화폐가 통화 구실을 못하는 분야를 다루기 위해서는 **수이 게네리스**(sui generis) 즉 그 분야만의 독자적 개념을 가져야만 하는 것이다. 게다가 학문상의 단절을 피하려면 옛 도구와 새 도구에 일관성이 있어야 한다. 경제학자 아서 피구(Arthur Pigou)는 그런 도구의 하나로 그림자 가격(shadow price, 잠재가격)을 제시한 바 있다. 그림자 가격이란 '대가를 지불하지 않고 얻은 어떤 것을 재화나 서비스로 바꾸었을 때 드는 금액'으로 정의된다. 이렇게 하여 값을 치르지 않는 것, 어쩌면 값이 없다고도 말할 수 있는 것이 상품 영역과 일치하게 되며, 관리 운영하고 관료적으로 개발할 수 있는 부문으로 들어오게 된다. 값을 치르지 않던 것이 이제 그림자 경제의 일부가 되어 슈퍼마켓, 교실, 병원에서 파는 것들과 연결된다. 이는 입자의 파동적 성질과 같다. 입자성과 파동성을 둘 다 고려하지 않고서는 전자(電子)를 이해할 수 없다.

가까이서 들여다보면 이 그림자 경제는 공식 경제의 판박이임을 알 수 있다. 두 분야는 서로 협력하여 하나의 전체를 이룬다. 환한 조명을 받는 영역에서는 산업 생산이 증가함에 따라 노동, 가격, 수요, 시장에 대한 관리도 증대하는데, 여기에 발맞춰 그림자 경제에서도 전 범위에 걸쳐 이에 대응하는 활동들이 발달한다. 현대 여성의 가사 노동은 남편의 임금 노동만큼이나 근본적으로 새로운 활동이라는 얘기다. 마찬가지로 집에서 요리한 음식 대신 식당에서 배달한 음식을 먹는 것 역시 전에 없던 일로, 인간의 기본 욕구 대부분이 근대 제도의 생산물에 해당하는 용어로 정의되는 것만큼이나 새로운 현상이다.

내가 다른 곳에서 언급했듯이, 일부 경제학자들이 그늘진 곳에 대한 분석 능력을 새로 갖추게 된 것은 단지 기존의 경제 분석을 확장했기 때문이 아니다. 산업 시장을 발견했을 때처럼, 지난 두 세기에 걸쳐 역사에 처음 등장한 신대륙을 발견했기 때문이다. 자신이 무엇을 하고 있는지 알지 못하는 저 경제학자들을 생각하면 안쓰럽기만 하다. 그들의 운명은 콜럼버스만큼이나 서

글프다. 나침반, 그리고 나침반이 열어준 항로를 잘 가도록 새로 설계된 카라벨 범선, 뱃사람으로서의 재능 등을 갖춘 덕에 콜럼버스는 예상치 못한 땅을 찾아낼 수 있었다. 하지만 콜럼버스는 그곳이 동인도라고 철석같이 믿었기에 자신이 신대륙을 발견했다는 사실을 죽을 때까지 알지 못했다.

산업 세계에서 그림자 경제가 차지하는 영역은 달의 뒷면에 비유할 수 있다. 이제 막 탐사가 시작되었다는 점에서도 그렇다. 하지만 이 산업적 실재 전체는 내가 토박이 실재이자 자급자족 영역이라 부르는 실체적 영역의 여집합(餘集合)일 뿐이다.

20세기 고전경제학의 관점에서는 그림자 경제와 토박이 영역 둘 다 시장 바깥에 있으며 둘 다 금전적 대가가 지불되지 않는다. 따라서 둘 다 이른바 비공식 부문으로 혼동할 수 있다. 둘 다 '사회적 재생산'에 기여하는 것들로 뭉뚱그려 간주되어온 것이다. 이 분석에서 가장 혼동을 일으키는 부분은, 임금 노동의 무급 보완물이 구조상 산업사회만의 특징임에도 자급자족 활동이 살아남은 것인 양 엉뚱하게 오해되곤 한다는 점이다. 자급자족 활동은 토박이 사회의 특징이지만 산업사회에서도 여전히 존속할 수 있기에 이런 오해가 벌어진다.

하지만 이제 변화가 감지된다. 시장 경제와 그 그림자의 구별이 흐릿해지고 있기 때문이다. 상품이 자급자족 활동을 대체해 가는 현상이 반드시 진보로 느껴지는 건 아니다. 여성들은 집안

일을 하면서 벌지 않고 소비만 하는 것이 과연 특권인지 묻는다. 다시 말해 의무적인 소비의 패턴에 매여 있느라 사실상 질 낮은 일에만 내몰리고 있는 게 아닌지 묻는다. 학생들은 학교 다니는 것이 배우기 위해서인지 스스로를 마비시키는 일에 동참하기 위해서인지 묻는다. 소비의 고단함이 소비가 약속했던 구원에 갈수록 더 깊은 그림자를 드리운다. 노동집약적이긴 하지만 덜 비인간적이고 덜 파괴적이며 더 효율적으로 조직된 소비를 택할 것인지, 현대적인 형태의 자급자족을 택할 것인지를 스스로 묻는 사람들이 늘고 있다. 이 선택은 팽창 일로에 있는 그림자 경제와 토박이 영역의 회복 중 하나를 선택하는 것과 같다. 하지만 이 선택이야말로 경제학에서 가장 끈질기게 가려져 있는 사각지대로, 개고기와 진흙만큼이나 입맛에 맞지 않는 문제다. 어쩌면 가장 가능성이 낮은 후보가 이 사각지대를 일부나마 없애줄지 모르겠다.

나는 **일상어**의 탐구를 통해 이 문제를 조명해보자고 제안한다. 나는 산업사회의 일상어가 가진 경제적 성격과 산업화 이전 시대의 일상어를 대조해 볼 것이다. 이제 설명하겠지만, 이 구분은 15세기 말 스페인에서 있었던 거의 알려지지 않은 한 사건에서 기원을 찾을 수 있다.

두 개의 식민지

1492년 8월 3일 이른 아침에 크리스토퍼 콜럼버스는 팔로스 항에서 돛을 올렸다. 가까운 요충지 카디스 항은 그해에 정박할 자리가 없었다. 스페인에서 쫓겨나게 된 유대인들이 이용할 수 있는 유일한 항구였기 때문이다. 그라나다를 다시 차지했으니 이슬람과의 싸움에 유대인들의 도움은 더 이상 필요치 않았다. 콜럼버스의 목적지는 지팡구였다. '지팡구'는 오래전 통치자 티무르의 짧은 재위 기간에 카타이(중국)를 일컫는 표현이었다.[1] 콜럼버스가 계산한 지구의 크기는 경도 1도당 72킬로미터였다. 이 계산에 따르면 동아시아는 카나리아 제도에서 서쪽으로 3,860킬로미터 떨어진 사르가소 해의 앤틸리스 제도 근처가 된다. 콜럼버스는 자신이 이끄는 선단의 항해 능력에 맞추어 바다의 크기를 축소했다. 그는 '칸'을 알현할 생각으로 아랍어 통역관을 배에 태우기까지 했다. 즉 콜럼버스는 항로를 개척하겠다고 나선 것이지 새로운 땅이나 신대륙을 발견하겠다고 한 것이 아니었다.

그런데 콜럼버스의 계획은 터무니없는 것이었다. 르네상스 초기에 학식 있는 사람치고 지구가 둥글다는 사실을 의심하는 사

1 '지팡구'는 일본의 옛 명칭으로 알려져 있지만, 13세기 마르코 폴로 이후 유럽인에게는 중국의 일부로 여겨졌다. 또 카타이(Cathay)는 거란(Khitan)에서 온 말로 한때 중국의 별칭이었다.

람은 아무도 없었다. 혹자는 지구가 우주의 중심이라고 믿었고 혹자는 지구가 천구 안에서 회전한다고 믿었지만, 에라토스테네스가 지구 둘레를 측정한 이래 콜럼버스만큼 지구의 크기를 엉터리로 줄잡은 사람은 아무도 없었다. 255년 키레네 사람 에라토스테네스는 그가 관장으로 있던 알렉산드리아 도서관에서 시에네(지금의 아스완 댐)까지의 거리가 약 800킬로미터인 것을 알고 있었다. 그가 '자'로 삼은 것은 속도가 일정하기로 유명한 낙타 대상(隊商)이 동틀녘부터 저물녘까지 이동하는 거리였다. 또한 하지점에 시에네에서는 햇빛의 각도가 수직이고 알렉산드리아에서는 수직으로부터 7도 기울어져 있다는 사실을 관찰로 알고 있었다. 이로부터 계산한 지구 둘레와 실제 길이와의 오차는 겨우 5퍼센트에 불과했다.

콜럼버스가 이사벨 여왕에게 탐험을 후원해달라고 부탁하자 여왕은 고문 역할을 하던 탈라베라 신부에게 계획이 타당한지 평가해달라고 청했다. 전문가 위원회는 콜럼버스의 서-동 횡단 계획에 확고한 근거가 없다고 결론 내렸다. 학식 있는 전문가들은 그 목표가 불확실하거나 불가능하다고 생각했다. 콜럼버스는 항해에 3년이 걸릴 것이라고 장담했지만, 장거리 항해용으로 설계된 최신 카라벨 범선조차 돌아올 수 있을지 의문이었다. 대양은 콜럼버스의 주장보다 더 광활하고 더 거칠었다. 사람들은 정말 가치 있는 미개척지라면 신이 자기 백성들에게 수백 년 동안 숨겨왔을 리 없다고 생각했다. 그래서 여왕은 처음에는 콜럼버스의 제안을 거절했다. 합리적 근거와 관료적 전문성에 따른 판단이었다. 하지만 선교 열정에 불타는 프란치스코회 수사들의 꼬드김에 넘어간 여왕은 애초의 결정을 번복하고 콜럼버스와의 '합의각서'에 서명했다. 유럽에서 이슬람을 몰아낸 여왕으로서는 그녀의 제독이 되어 대양 너머에 십자가를 꽂겠다는 콜럼버스의 바람을 거절하기 어려웠다. 우리가 알고 있듯이 여왕이 해외식민지 정복을 결정하면서 스페인에서도 새로운 전쟁이 벌어졌다. 자국민의 토박이 경제 영역이 침략을 당했고, 자급자족을 상대로 한 500년 전쟁이 시작되었다. 우리는 이제야 이 전쟁의 참상을 가늠하기 시작했다.

콜럼버스는 잘 알려진 바다를 다섯 주 동안 항해한 후 북아프리카 서단의 카나리아 제도에 정박해서는 핀타 호의 키를 수리하고 니냐 호의 삼각돛을 교체하는 한편, 베아트리스 데 페라사 부인과 남몰래 연애를 벌였다. 카나리아 제도에서 이틀을 보낸 9월 10일에야 동풍인 무역풍을 만나는데, 그 뒤로는 신속하게 바다를 가로질렀다. 10월에 콜럼버스는 그 자신도 여왕의 고문도 예상치 못한 땅에 도착했다. 1492년 10월 13일에 쓴 일기에서 콜럼버스는 산토도밍고에서 나이팅게일의 노래가 자신을 반기는 광경을 아름답게 묘사했지만 그곳에는 나이팅게일이 서식하지 않는다. 콜럼버스는 예나 지금이나 '위대한 뱃사람이자 형편없는 측지학자'(gran marinero y mediocre cosmógrafo)였다. 죽을 때까지도 그는 자신이 발견한 곳이 원래 가려던 곳이라고 확신했고, 중국 해안에서 나이팅게일이 자신을 반겨주었다고 믿었다.

'1492년' 하면 으레 콜럼버스가 떠오르는 것이 당연하지만, 우리는 부당하게 간과되고 있는 한 인물에게 눈을 돌릴 필요가 있다. 스페인 밖에서는 거의 잊혀진 엘리오 안토니오 데 네브리하(Elio Antonio de Nebrija)라는 사람이다. 콜럼버스가 포르투갈의 영해와 항구를 거쳐 남서쪽으로 항해할 무렵, 스페인에서는 사회 현실을 근본적으로 뜯어고치려는 계획이 여왕에게 제안되고 있었다. 콜럼버스가 금, 피정복민, 나이팅게일과 같은 친숙한 것들을 찾아 낯선 땅으로 항해하는 동안, 스페인에서는 네브리하가 여왕의 백성을 전혀 새로운 형태의 종속에 밀어 넣자고 주장하고 있었다. 네브리하가 여왕에게 건넨 것은 새로운 부류의 용병들 즉 **레트라도**(letrado, 식자층)가 무기로 쓸 '문법'이었다.

나는 네브리하의 『그라마티카 카스테야나』(*Gramática Castellana*)를 손에 들었을 때 깊은 감명을 받았다. 책은 고딕체로 인쇄했으며 4부로 나뉘어 다섯 개의 주제를 다루었다. 백지를 넘기면 붉은색으로 인쇄된 헌사와 머리말이 나온다.

> 스페인 본토와 제도(諸島)의 여왕이시자 자연의 통치자이신 이사벨 여왕께 이 책을 바칩니다. 교사 안토니오 데 네브리하가

카스티야어 문법서를 새로 출간하여 이렇게 머리말을 올리니 아무쪼록 읽어주시기를 앙망하나이다.

그라나다의 정복자 이사벨 여왕에게 네브리하의 청원은 여느 청원과 다를 바 없었다. 하지만 콜럼버스가 마르코 폴로의 중국 항로와 다른 신항로를 개척하는 데 필요한 물자를 원한 반면, 네브리하의 요청은 국내의 새 영토를 침략하라는 것이었다. 네브리하는 이사벨 여왕에게 왕국 백성들이 쓰는 언어를 식민화할 도구를 바쳤다. 그의 바람은 여왕이 여왕 자신의 **렝과**(lengua)—**여왕 자신**의 언어이자 말씨—를 백성에게 부과하여 그들의 말을 대체하도록 하는 것이었다.

네브리하의 계획

나는 지금부터 『그라마티카 카스테야나』에 실린 여섯 쪽짜리 머리말을 번역하고 의견을 제시하고자 한다. 다만 먼저 기억할 것이 있다. 이 책의 간기(刊記)를 보면 살라망카의 인쇄소에서 책을 찍은 날짜가 콜럼버스가 항해를 떠난 지 불과 15일 뒤인 8월 18일이라는 점이다.

존경하는 여왕 폐하, 문자로 보존된 과거의 기록을 상고할 때마다 신은 같은 결론에 이를 수밖에 없었나이다. 언어는 늘 왕국의 짝이었으며 앞으로도 줄곧 그러할 것입니다. 둘은 함께 존재하고 함께 자라 꽃피며 함께 쇠퇴합니다.

라 렝과(la lengua) 곧 언어가 네브리하에게 어떤 의미였는지 이해하려면 먼저 그가 어떤 사람인지 알아둘 필요가 있다. '콘베르소'(converso) 즉 개종 유대인의 후손인 안토니오 마르티네스 데 라 칼라(Antonio Martinez de la Cala)[2]는 열아홉 살이 되었을 때 라틴어가 너무 타락한 나머지 방치된 채 죽어가는 지경이 되었다고 판단했다. 적어도 이베리아 반도에서는 그렇다고 여겼다. 스페인은 이름에 걸맞은 언어 하나 없는 신세가 되었다는 것이다. 성서의 언어인 그리스어, 라틴어, 히브리어는 **백성들이 쓰는 말**과는 전혀 다른 언어였다. 그래서 네브리하는 라틴어가 그나마 덜 타락했다고 여긴 이탈리아로 갔다. 그와 동시대 사람인 에르난 누녜스(Hernán Nuñez)는 스페인으로 돌아온 네브리하를 저승에서 에우리디케를 데려온 오르페우스에 빗댔다. 그로부터 20년 동안 네브리하는 고전 문법과 고전 수사학을 개정하는 일에 심혈을 기울였다. 그가 살라망카에서 인쇄한 최초의 단행본은 라틴어 문법서(1482)였다.

2 네브리하의 본명.

네브리하 자신의 표현대로 '늙기 시작한 나이'인 마흔이 되자 그는 스페인에서 매일같이 접하는 말의 형태들로부터 하나의 언어를 만들어낼 수 있다는 사실을 발견했다. 즉 말들을 가공하여 화학적으로 언어를 합성할 수 있다고 생각한 것이다. 이렇게 하여 네브리하는 스페인어 문법을 책으로 썼고, 이는 근대 유럽어 중 최초의 일이 되었다. 이 개종 유대인은 자신의 고전 지식을 이용하여 **콘수에투도 히스파니아이**(consuetudo hispaniae, 스페인 관습)라는 법적 범주를 언어 영역에까지 확장했다. 이베리아 반도 전역에서 제각기 다른 말을 쓰는 군중들이 유대인 이교도를 학살하기 위해 모여든 바로 그 순간에, 이 세계주의자 콘베르소는 무력이 닿을 수 있는 곳이면 어디서나 쓸 수 있는 언어를 만들겠다는 계획을 여왕에게 올렸다.

네브리하는 두 권의 언어 지침서를 펴냈는데, 둘 다 여왕의 치세에 봉사하려는 목적이었다. 첫 번째 지침서는 문법이었다. 문법은 새로운 발명품이 아니었다. 네브리하가 알기로 가장 완벽한 문법은 이미 2,000년 전에 확립된 파니니(Panini)의 산스크리트어 문법이었다. 그러나 파니니 문법은 죽은 언어를 기술하는 규칙이었고, 이 문법을 배우는 사람 역시 극소수에 불과했다. 인도의 프라크리트어 문법과 서양의 라틴어-그리스어 문법도 같은 목적이었다. 반면에 네브리하의 카스티야어 문법은 외국을 정복하기 위한 도구이자 자국 내 자생어를 짓밟기 위한 무기였다.

네브리하는 문법의 정리와 더불어 사전도 편찬했다. 이 사전은 지금까지도 스페인어의 옛 모습을 알려주는 최상의 자료다. 우리 시대에 네브리하를 넘어서려는 시도는 두 번 있었지만 모두 실패했다. 힐리 가야(Gili Gaya)의 『테사우로 렉시코그라피코』(*Tesauro Lexicográfico*, 어휘백과)는 1947년에 시작되었으나 'E'에서 중단되었으며, R. S. 보그스(R. S. Boggs)의 『중세 스페인어 사전 시안』(*Tentative Dictionary of Medieval Spanish*)은 1946년부터 지금까지 초안 상태로 남아 있다. 네브리하의 사전은 문법서보다 1년 뒤에 나왔는데, 이미 신세계의 흔적이 담겨 있었다. 아메리카에서 건너 온 단어 **카노아**(canoa, 카누)가 처음으로 실렸던 것이다.

칼과 언어의 계약

이제 네브리하가 카스티야어를 어떻게 생각하는지 살펴보자.

> 카스티야어는 사사 시대[3]에 유아기를 거쳤고, (…) 알폰소 현왕(賢王) 치하에서 세를 키웠습니다. 그리스어 및 라틴어 법전들과 역사책을 수집하여 번역하게 한 그분 말입니다.

실제로 알폰소 10세(1221~1284)는 유럽 군주 중에서 처음으

3 구약성서에서 이스라엘 왕국이 세워지기 이전 사사(士師)들이 다스리던 시대.

로 필경사의 통속어 즉 토박이말을 궁정 언어로 썼다. 그의 의도는 자신이 라틴어 왕들[4]에 속하지 않음을 입증하는 것이었다. 그는 칼리프[5]처럼 자신의 조신(朝臣)들에게 이슬람교와 기독교의 책을 '순례'하여 보배로 탈바꿈시키라고 명령했다. 이 책들은 바로 그 언어 덕분에 자신의 왕국에 남길 귀중한 상속 재산이 될 터였다. 공교롭게도 알폰소의 역관은 대부분 톨레도 출신의 유대인들이었다. 이 유대인들이 구사하는 언어는 옛 카스티야어였기 때문에, 동방 언어를 교회의 성스러운 언어인 라틴어가 아니라 토박이말로 번역하는 쪽을 선호했다.

네브리하는 알폰소 국왕이 옛 스페인어의 확고한 표본을 남겼다고 여왕에게 지적한다. 법을 제정하고 역사를 기록하고 고전을 번역할 때 토박이말을 사용함으로써 토박이말을 어엿한 언어로 탈바꿈시켰다는 것이다. 계속 읽어보자.

> 우리의 이 언어는 이역을 다스리라고 보낸 우리 군인들을 따라 아라곤으로, 나바라로, 급기야 이탈리아에까지 전파되었습니다. (…) 그리하여 스페인의 지리멸렬한 조각들이 모여 하나의 왕국을 이루게 된 것입니다.

---

4 라틴어는 교회의 언어였고 그것을 쓴다는 것은 곧 교황의 영향력 아래 있다는 뜻이었다.

5 정치와 종교의 권력을 아울러 가졌던 이슬람 교단의 지배자.

네브리하는 칼과 책 사이에 새로운 계약이 맺어질 수 있음을 여왕에게 상기시킨다. 그런 다음 왕권의 세속적 권한에 속하는 두 영역 사이의 계약을 제안한다. 이 계약은 성과 속을 잇는, 황제와 교황 사이의 중세적 계약과는 달랐다. 네브리하가 제안한 계약은 칼과 법의(法衣)—각기 나름의 지배 영역을 가진 것들—사이의 계약이 아니라, 칼과 전문지식 사이의 계약이었다. 이 계약에는 외국을 정복하는 동력이라든지, 왕국 전역에 산재해 있는 잡다한 요소를 지적으로 통제하는 시스템이 포함되어 있었다. 네브리하는 제안을 받는 당사자가 어떤 사람인지 잘 알고 있었다. 여왕은 아라곤의 페르난도 2세의 아내로, 만인 중에서 가장 계몽된 사람이라는 찬사를 남편에게서 듣지 않았던가. 네브리하는 여왕이 키케로, 세네카, 리비우스의 원전을 재미 삼아 읽는 사람임을 알고 있었다. 육체적인 면에서나 정신적인 면에서나 여왕 스스로 '좋은 취향'(good taste)이라 부른 감수성을 갖춘 인물이었던 것이다. 실제로 역사가들은 '좋은 취향'이라는 표현을 이사벨 여왕이 처음 썼다고 말한다.

이사벨과 페르난도는 선대로부터 물려받은 혼돈의 땅 카스티야에 기틀을 갖추려고 애썼다. 둘은 르네상스적 정부 제도, 즉 근대 국가를 건설하는 데 알맞은 제도—그러면서도 법률가의 나라보다 나은 나라—를 만들고 있던 참이었다. 네브리하는 지금까지도 스페인에서 널리 쓰이는 **아르마스 이 레트라스**(armas y letras, 武와 文)의 개념을 둘의 마음속에 불어넣는다. 그는 제국과 언어의 혼인을 거론하면서, 최근 고통스러울 정도로 짧은 기간에 교회로부터 종교재판소를 빼앗아 왕권의 세속적 도구로 삼은 군주[6]를 언급한다. 이 군주는 귀족들을 경제적으로 통제하고 이들 대신 네브리하가 말한 **레트라도**들을 왕국의 통치위원회에 앉히는 데 종교재판소를 동원했다. 옛 자문기구를 관리들의 관료조직으로 바꾸어 왕의 정책을 집행하는 데 딱 맞는 기구를 만들어냈던 것이다. 이 '전문가' 각료들은 비잔틴 제국 이후 어떤 세속적 관료조직도 넘볼 수 없는 대열로 도열해서 합스부르크 왕가의 궁정 의례에서 의전 역할을 다했다.

참으로 교묘하게도 네브리하는 스페인의 지리멸렬한 조각들을 단일한 절대 왕국으로 묶으려면 교회와 국가의 연합을 보완하는 것으로서 **아르마스**와 **레트라스**의 새로운 연합이 꼭 필요하다는 점을 여왕에게 환기시킨다.

> 이 통일된 주권체는 수세기가 지나도 영락하지 않을 형태와 내적 결속력을 가질 것입니다. 이제 교회는 정화되었고 그리하여 하느님의 진노도 가라앉았으며,[7] 신앙의 적들 역시 우리의 무기

---

6 신성로마제국의 황제로 합스부르크 왕가를 중흥시킨 막시밀리안 1세(재위 1493~1519)를 말함.

7 네브리하는 마녀사냥꾼으로 유명한 당대의 종교재판관 토마스 데 토르케마다(Thomas de Torquemada)가 벌인 일을 염두에 둔 듯하다. —원주.

에 굴복하였고,[8] 공정한 법률의 시행으로 모두가 평등하게 살 수 있게 되었으니,[9] 남은 일은 평화의 기예를 꽃피우는 것뿐입니다. 그러나 기예 가운데 으뜸은 언어의 기예이니, 인간이 짐승과 다른 것은 언어 덕분입니다. 언어는 인간의 고유한 특징으로 묵상에 버금가는 이해의 수단입니다.

이 구절에서 우리는 군주를 향한 인문주의자의 호소를 뚜렷이 들을 수 있다. 미개인의 영역에 맞서 교화된 기독교인의 영토를 수호해달라는 청원 말이다. 중세에는 미개인이 말을 못한다고 생각했다. 도덕적 질서로 짜인 세계에서 미개하다는 것은 곧 말이 통하지 않는 벙어리이자 저주받은 죄인이라는 뜻이다. 과거에는 이교도를 기독교 세계로 끌어들이는 데 세례라는 방법을 썼으나, 금후에는 언어가 이용될 터였다. 그런데 언어를 가르치려면 교사가 필요하다. 따라서 네브리하는 이렇게 지적한다.

지금까지 우리의 언어는 허술하고 제멋대로인 나머지 몇 세기만에 알아볼 수 없을 지경으로 변하고 말았습니다. 오늘날 쓰는 언어를 500년 전에 쓰던 언어와 비교하면 그 차이와 간격은 서로 다른 두 외국어보다 더할 것입니다.

---

8 8~15세기에 걸쳐 스페인의 기독교 세력이 이슬람 점령지에 대해 벌인 재정복운동 '레콩키스타'(Recoquista)를 가리킴. —원주.

9 여왕과 카스티야의 자치시들 사이에 맺은 동맹인 에르만다드(Hermandad)를 가리키는 말인 듯. —원주.

네브리하는 **렝과 불가르**(lengua vulgar, 통속어)가 시간의 흐름에 따라 진화되고 확장되는 특성이 있음을 묘사하고 있다. 여기서 네브리하가 가리키고 있는 언어는 훈련받지 않은 카스티야어로, 군인들이 이제 막 카스티야어를 전파한 아라곤이나 나바라의 말과도 다른 것이었다. 그리고 이 토박이말은 알폰소 현왕 시절 수도승과 유대인들이 아랍어 판본을 가지고 그리스 고전을 번역할 때 쓴 옛 카스티야어와도 달랐다.

15세기 사람들이 언어를 쓰고 그것과 함께 살아가던 방식은 오늘날과 달랐다. 콜럼버스가 쓰던 언어를 연구한 메넨데스 피달(Menendez Pidal)을 통해 우리는 이 사실을 이해할 수 있다. 원래 제노바의 옷감 상인이던 콜럼버스는 오늘날까지 표준적으로 쓰이는 제노바 방언을 첫 언어로 썼다. 상거래용 편지를 작성하느라 라틴어를 배우긴 했지만 그의 라틴어는 아주 조잡한 수준이었다. 훗날 포르투갈에서 배가 난파된 뒤 콜럼버스는 그곳 여인과 결혼했고, 그와 함께 이탈리아어는 거의 잊어버린 것으로 보인다. 포르투갈어의 경우에는 말로 할 수는 있었지만 글로 쓴 적은 한 번도 없었다. 리스본에서 9년을 지내는 동안 그의 문어는 스페인어였다. 하지만 명석한 두뇌를 제대로 스페인어 배우는 데 쓰지 않은 탓에 늘 포르투갈 어투가 잡탕으로 섞인 언어로 글을 썼다. 콜럼버스의 스페인어는 카스티야어라기보다는 이베리아 반도 전역에서 주워들은 간단한 단어들이 풍부하게 섞인 말이었다. 괴상한 문법을 쓸 때도 있었지만 콜럼버스는 스페인어를 생생하고 표현력 넘치는 정확한 스타일로 구사했다. 정리하자면, 콜럼버스는 말은 못하지만 글로 쓸 수 있는 문어가 두 개였고 말할 수 있는 구어가 여러 개였다. 이 때문에 동시대인들과 문제가 생긴 적은 한 번도 없었다. 하지만 네브리하의 눈으로 볼 때는 이 가운데 어떤 것도 언어가 아니라는 점 또한 사실이다.

네브리하는 계속 청원을 이어가다가 자신의 주장에서 결정적으로 중요한 부분을 제시한다. **라 렝과 수엘타 이 푸에라 데 레글라**(la lengua suelta y fuera de regla) 곧 '제약과 규칙이 없는 말'이 왕권을 위협하기에 이르렀다는 것이다. 그러나 이 언어는 사람들이 실제로 살아가고 삶을 꾸려가는 데 쓰는 말이기도 했다. 네브리하는 문제될 것도 없는 이 역사적 사실이 새로운 정치체제, 즉 근대 국가의 얼개를 짜는 데 문제가 된다고 해석했다.

> 폐하, 우리나라가 위대해지는 것을 보는 것과, 우리말을 쓰는 사람들이 심심풀이로 읽을 훌륭한 책을 공급하는 것은 저의 한결같은 소망이었습니다. 현재 그들은 거짓으로 가득한 소설과 허황된 이야기에 시간을 낭비하고 있습니다.

네브리하는 "콴도 라 엠프렌타 아운 노 인포르마바 라 렝과 데 로스 리브로스"(quando la emprenta aun no informaba la lengua de los libros) 즉 "인쇄업자들이 책에 걸맞은 언어를 쓰지 않은 탓에" 사람들이 하찮은 글을 읽느라 시간을 낭비하고 있으니, 이를 막으려면 언어에 규칙을 만들어야 한다고 제안하고 있다. 그런데 15세기 후반의 사람 중에 종이와 활자의 발명으로 인해 여가가 '낭비'되는 세태를 우려한 이는 네브리하만이 아니었다. 29년 뒤 이냐시오 데 로욜라(Ignatius de Loyola)도 그랬다. 나중에 예수회를 창설한 그는 대포알에 다리가 산산조각 나 팜플로나에서 요양하던 중에 자신이 청춘을 끔찍하게 낭비한 게 아닌가 생각하게 되었다. 서른이 되던 해에 그는 자기 삶을 돌이켜보면서 '세상의 헛된 것들'이 가득한 삶이었다고 후회했다. 그중에는 토박이말로 된 쓰레기 같은 글에 빠졌던 일도 포함되어 있었다.

네브리하는 살아 있는 언어를 인쇄되는 책의 형태에 맞도록 표준화해야 한다고 주장했다. 이런 주장은 우리 세대에도 있지만 그 목적이 다르다. 우리들 동시대인들은 언어의 표준화가 사람들에게 읽기를 가르치는 데 필요조건이며 인쇄서적을 보급하는 데도 필수적이라고 생각한다. 하지만 1492년의 주장은 정반대였다. 네브리하는 사람들이 수십 가지 토박이말을 쓰다가 '읽기 병'에 전염되는 것이 불만이었다. 관료적 통제의 울타리 바깥에서 돌아다니는 책에 시간을 버리고 여가를 낭비하는 것이 영 마뜩잖았다. 필사본은 매우 희귀했기에 당국은 종종 사본 **전부**를 압수함으로써 작품을 금지할 수 있었다. 필사본은 이렇게 뿌리째 사라지곤 했다. 하지만 인쇄본은 그럴 수 없었다. 1쇄 평균인 200~1,000부의 적은 부수만 찍어도 책을 전부 몰수하기란 불가능했다. 인쇄본은 『금서 목록』(*Index Librorum Prohibitorum*)으로 검열하는 수밖에 없었다. 책은 금지할 수 있을 뿐 소각할 수는 없었다. 하지만 네브리하의 제안은 『금서 목록』이 출간된 1559년보다 50년 이상 앞선 것이었다. 네브리하의 바람은 훗날 교회가 쓴 금지의 방법보다 훨씬 근본적인 차원에서 인쇄물을 통제하는 것이었다. 그는 민중의 토박이말을 문법학자의 언어로 대체하고 싶어 했다. 이 인문주의자가 제안한 것은 구어를 표준화함으로써 인쇄라는 신기술을 토박이 영역으로부터 빼앗아버리는 것이었다. 이렇게 하면 당시 말할 때만 쓰던 잡다한 말들이 책으로 인쇄되고 글자로 읽히게 되는 일을 막을 수 있다는 것이었다. 기실 네브리하가 제안한 것은, 가르치는 공식 언어를 독점함으로써 가르치지 않은 토박이말을 읽지 못하도록 억압해야 한다는 것이었다.

읽기의 사회적 의미

네브리하의 주장—사람들이 천박한 즐거움을 위해 아무 글이나 읽는 것을 막으려면 표준화된 국어를 강제로 가르쳐야 한다는 주장—을 제대로 이해하려면, 당시 인쇄술의 지위가 어떠했는지 알아야 한다. 네브리하는 활판 인쇄가 등장하기 전에 태어났다. 활자가 처음 쓰인 것은 그가 열세 살 때였다. 네브리하는 자신의 성년기가 인큐내불라(Incunabula)[10]와 일치한다고 생각했다. 인쇄술이 등장한 지 25년 되었을 때 네브리하는 라틴어 문법서를 출간했고, 35년 되었을 때 스페인어 문법서를 출간했다. 말하자면 내가 텔레비전이 나오기 전의 시대를 기억하듯이 네브리하는 인쇄술 이전 시대를 기억하고 있었다. 지금 내가 소개하고 있는 네브리하의 글은 공교롭게도 토머스 캑스턴(Thomas Caxton)이 죽은 해에 출간되었다. 캑스턴의 책을 읽어보면 토박이 책에 대한 이해를 넓힐 수 있다.

토머스 캑스턴은 네덜란드에 사는 영국인 옷감 상인이었다. 그는 번역을 하다가 인쇄업자 밑에서 도제 생활을 했다. 영어로 된 책을 몇 권 출간한 뒤 1476년에 영국에서 인쇄소를 열었다. 캑스턴은 1491년 사망할 때까지 40권의 영어 번역서를 출간했는데, 영국의 중요한 토박이 문학은 거의 다 포함된다. 예외를 들자면 윌리엄 랭글런드(William Langland)의 『농부 피어스』(*Piers Plowman*) 정도가 있을 뿐이다. 이 중요한 작품을 뺀 이유는 자신의 베스트셀러 『죽음의 기술』(*The Art and Crafte to Knowe Well to Dye*)의 경쟁작이 될까봐 그런 게 아닌가 싶다. 캑스턴의 웨스트민스터 인쇄소에서 발행한 『죽음의 기술』은 자기계발서의 시초로 꼽힌다. 캑스턴은 사교계에 필요한 교양과 예절 모두, 그리고 신

---

10 원래는 '요람'의 뜻으로, 활판 인쇄의 유년기인 15세기까지 인쇄된 책을 말함.

사답고 신실한 행동에 대한 가르침 모두를 반듯한 고딕체의 2절판과 4절판에 담았다. 칼 쓰는 법에서 대화하는 법까지, 우는 법에서 체스 두는 법과 죽는 법까지 모든 지침을 담았다. 이 책은 1500년도까지 100여 가지가 넘는 판본이 발행되었다. 『죽음의 기술』은 의사나 성직자의 간섭 없이 품위 있는 죽음을 준비하는 법을 알려주는 자습서였다.

민중의 언어로 씌어진 책들 가운데 처음 등장한 것은 네 가지였다. 토박이 전승문학, 프랑스어와 라틴어에서 번역한 책, 기도서가 나왔고, 교사의 필요성을 없앤 자습서는 이미 나와 있었다. 라틴어 책은 아예 다른 종류로서 교과서, 전례서, 법전 등 전문 성직자와 교사들을 위한 책이었다. 처음부터 인쇄서적은 두 종류가 있었던 셈이다. 하나는 독자가 오락용으로 자유롭게 고른 책이고, 다른 하나는 전문가들이 독자에게 정해준 책이다. 1500년도 이전까지 유럽 300군데 도시에서 1,700여 곳의 인쇄소가 한 권 이상의 책을 발행한 것으로 추정된다. 15세기 동안 종수로는 4만 종, 부수로는 1,500만~2,000만 부 가량의 책이 발행되었다. 이 가운데 3분의 1 가량은 유럽의 여러 토박이말로 인쇄되었는데, 네브리하의 걱정거리는 바로 여기 해당하는 책들이었다.

자유롭게 읽을 권리를 네브리하가 왜 걱정했는지 제대로 이해하려면 당시의 읽기 방법이 묵독이 아니었음을 감안해야 한다. 묵독은 최근에 발명된 방법이다. 아우구스티누스는 히포의 주교이자 위대한 저술가가 되어서야 비로소 묵독이 가능하다는 것을 알게 되었다. 그는 『고백록』에서 자신의 발견을 이렇게 묘사한다. 아우구스티누스는 밤중에 책 읽는 소리가 동료 수사들에게 방해가 될까봐 참으려 했지만, 결국 호기심에 못 이겨 책 한 권을 집어 들고 말았다. 이로 인해 그는 침묵으로 읽는 법을 배우게 되었다. 그가 알기로 이렇게 읽을 수 있는 사람은 스승인 밀라노의 주교 암브로시우스(Ambrosius)뿐이었다. 암브로시우스가 묵독의 기술을 쓴 까닭은 사람들이 모여들어 무엇을 읽는지 물으며 방해할까 싶어서였다.

이와 반대로 낭독은 고전 지식과 민중 문화를 이어주는 고리였다. 고상한 형태의 자기만족에 빠지지 않고 사람들과 교류하도록 해주기 때문이다. 낭독자와 청중은 함께 글을 소화하고 의견을 다는 등 적극적으로 교류한다. 인도의 대다수 언어에서 '읽다'로 번역되는 동사는 '소리 내다'와 비슷한 뜻을 가진다. 책을 가리킬 때나 비나[11] 소리를 가리킬 때나 이 단어를 쓴다. 읽는 것과 악기 연주를 동일한 행위로 인식하는 것이다. 오늘날 책과 출판과 독서에 대한 대안적 접근이 길을 잃고 있는 것은 문자해득에 대한 어리석은 정의가 국제적으로 통용되고 있기 때문이다. 읽기를 일차적으로 사회적 행위로 이해한다면, 이를테면 기타를

---

11 vina. 인도의 현악기 중 하나.

치는 능력으로 이해한다면, 아무리 읽을 줄 아는 사람이 적다 해도 책과 문학을 접하는 사람은 많아질 수 있을 것이다.

네브리하가 살던 시대 이전의 유럽에서는 낭독이 일반적이었다. 인쇄술은 이 전염성 많은 읽기의 기회를 증식시키고 유행병처럼 확산시켰다. 게다가 문자해득과 문맹의 경계도 지금과는 달랐다. 문자해득자란 라틴어를 배운 사람을 일컬었다. 다수 대중은 자기 지방의 토박이 문학에 아무리 정통해도 어떻게 라틴어를 읽고 쓰는지 알지 못했다. 자기 말에 라틴어를 섞어 쓰거나, 회계를 위해 배운 적이 있거나, 성직자에게 맡기거나, 심지어 라틴어를 알고 있더라도, 거의 쓰는 일이 없었다. 가난한 사람은 물론이요 귀족도 대부분 그랬고, 특히 여성은 더했다. 종종 잊고 있는 사실이지만, 오늘날에도 부자, 다수의 전문가, 고위관료들은 문서와 정보를 말로 요약해주는 보좌관을 곁에 두고 있으며, 직접 글을 쓰지 않고 비서에게 구술하곤 한다.

근대 국가의 첫 번째 요소

여왕이 보기에 네브리하가 제안한 사업은 콜럼버스의 계획보다도 더 허황되게 보였을 것이 틀림없다. 하지만 결과적으로 합스부르크 왕가가 부상한 데는 신대륙 따위보다 이런 사업이 더 근본적인 요인이었던 것으로 드러났다. 네브리하는 인쇄술의 자유롭고 무정부적인 발전을 가로막는 방법을 명확히 보여주었고, 어떻게 그것을 탈바꿈시켜 국민국가의 관료적 통제 수단으로 쓸 수 있는지를 정확하게 제시하였던 것이다.

오늘날 우리는 공식 문법의 틀을 벗어난 토박이말로 쓴 책은 인쇄할 수 없을뿐더러 전혀 읽히지 않을 것이라고 가정한다. 마찬가지로 학생들이 전통적으로 라틴어를 배워온 방법과 똑같은 방법으로 자기나라 말을 배우지 않고서는 글을 읽고 쓰지 못할 것이라고 가정한다. 다시 네브리하의 말을 들어보자.

> 저의 문법을 이용하면 백성들도 어렵지 않게 인공적 카스티야어를 배울 수 있을 것입니다. 이 카스티야어는 그들이 아는 언어를 바탕으로 만든 것이기 때문입니다. 그 다음에는 라틴어도 수월하게 배울 수 있을 것입니다.

이미 네브리하는 토박이말을 자신의 카스티야어 문법을 생산하는 원료라고 생각했다. 쿠바에서 유일하게 가치 있고 중요한 자원이라고 콜럼부스가 씁쓸하게 결론지은 바 있는 다목류[12]나 노예와 다를 바 없다고 본 것이다.

네브리하가 문법을 가르치려고 한 것은 사람들로 하여금 읽기를 배우도록 하기 위해서가 아니었다. 그가 여왕에게 권력과

---

12 Briazilwood. 빨간 물감을 채취하는 나무로 소방목(蘇方木)이라고도 한다.

권위를 달라고 청원한 이유는 자신의 문법을 이용해 읽기의 무정부적 확산을 가로막기 위해서였다.

> 현재 그들은 거짓으로 가득한 소설과 허황된 이야기에 여가를 낭비하고 있습니다. 그리하여 소신은 카스티야어를 인공어로 탈바꿈시켜 앞으로 이 언어로 쓰는 모든 글을 하나의 표준 지침에 따르도록 하는 것이야말로 소신의 가장 시급한 임무라고 판단했습니다.

네브리하는 자신의 바람을 솔직히 털어놓고 있을 뿐 아니라 이 믿을 수 없는 계획의 개요를 제시하기까지 한다. 그의 계획이란 제국의 동반자를 침착하게 제국의 노예로 바꾸는 것이었다. 근대 최초의 이 언어전문가는 민중의 말과 삶으로부터 국가와 그 목적에 알맞은 도구를 만들어내는 법을 여왕에게 조언한다. 네브리하는 자신의 문법을 국민국가의 기둥으로 여겼다. 이 생각에 따르자면 국가는 애초부터 공격적인 생산 기구로 파악된다. 새 국가는 민중이 자급자족에 쓰는 말을 가져다가 표준적인 언어로 바꿈으로써 민중들로 하여금 강제로 그것을 쓰게 하고, 제도적으로 부여된 교육 수준에 맞춰 각자 그것을 배우게 한다. 금후로 민중은 함께 어울려 말을 다듬어가는 것이 아니라 위로부터 하사받은 언어에 의존해야 할 터였다.

토박이말을 버리고 공식적으로 가르치는 모어로 전환한 것은 상품집약적 사회의 도래를 예고하는 가장 중요한 사건—그러나 가장 연구가 덜 된 사건—인지도 모른다. 토박이말로부터 가르치는 언어로의 근본적인 변화는 모유에서 분유로, 자급자족에서 복지로, 사용가치를 위한 생산에서 시장가치를 위한 생산으로의 전환을 예고하는 것이었다. 이것은 또한 교회와 국가로 양분되어 있던 세상에서 교회가 주변부로 밀려나고 종교가 사적인 일이 되는 세상으로 바뀌는 것을 뜻하기도 했다. 이전까지는 교회의 전유물로 여겨지던 어머니 역할이 국가의 것으로 넘어가게 되었다는 얘기다. 이전에는 교회 밖에서는 구원이 없다고 했는데, 이제는 교육의 울타리 밖에서는 읽기도 쓰기도, 어쩌면 말하기도 불가능하게 될 터였다. 사람들은 군주의 자궁에서 새로 태어나 그녀 품에서 젖을 먹으며 자라게 될 것이다. 근대 국가의 시민과 모국어가 함께 처음으로 탄생하게 된 것이다. 둘 다 역사상 전례 없는 일이었다.

어머니와 젖먹이

하지만 어머니의 젖과 같이 인간 생존에 꼭 필요한 서비스를 개개인 모두에게 제공하기 위해 공식적 관료 제도에 의존하게 된 것이 근본적으로 새로운 현상이요 유럽 밖에서는 유례가 없는 일이라 해도, 이런 일이 과거 유럽에서 전혀 없었던 것은 아니다. 오히려 이것은 논리적인 귀결이었다. 처음에는 교회의 당연한 임무였다가, 나중에는 세속 국가의 잠정적 역할로 인정되고 기대된 과정이었던 것이다. 모성 역할의 제도화는 3세기 이후로 유럽의 독특한 역사였다. 이런 의미에서 유럽이 곧 교회요 교회가 곧 유럽이라는 말에는 실로 옳은 점이 있다. 네브리하와 근대 국가의 보편 교육을 이해하려면 먼저 교회에 대해 잘 알아야 한다. 특히 둘 다 어머니를 상징했다는 점에서 그렇다.

교회는 아주 이른 시기부터 '어머니'로 불리었다. 이 표현은 144년 영지주의자 마르키온에게서 찾아볼 수 있다. 처음에는 신앙공동체가 성찬식—공동체를 찬미하는 의식—을 통해 새로 입회한 구성원의 어머니 노릇을 했다. 하지만 머지않아 교회 자체가 어머니가 되면서 그 품에서 벗어난 자는 사람으로 불릴 가치도, 살 가치도 없는 존재로 치부되었다. 그럼에도 언제부터 교회가 어머니를 자처하게 되었는지에 대해서는 거의 연구된 바가 없다. 기독교가 전파되던 시기에 로마 제국 전역에 산재한 여러 종교에서 어머니 여신의 역할을 거론한 사례는 종종 찾을 수 있지만, 기독교 외의 어떤 공동체도 어머니로 불리지 않았다는 사실은 한 번도 주목받거나 연구된 적이 없다. 우리는 어머니 교회의 이미지가 시리아에서 왔으며 3세기경 북아프리카에서 꽃피웠음을 안다. 이 은유가 처음 등장하는 트리폴리 인근의 아름다운 모자이크에서는 비가시적 공동체와 가시적 건물 모두가 어머니로 표현되어 있다. 또한 로마는 이 은유를 교회에 적용한 마지막 장소였다. 하지만 '제도' 자체를 여성으로 인격화하는 것은 로마의 방식과 어울리지 않았다. 이런 관념은 4세기 들어서야 처음으로 교황 다마소 1세의 시를 통해 등장한다.

교회를 어머니로 보는 초기 기독교의 관념은 역사적으로 전례가 없는 일이었다. 영지주의나 이교의 영향은 물론, 로마의 대모신 숭배와도 직접적 관련성을 찾아볼 수 없다. 그럼에도 교회의 모성적 역할은 매우 구체적으로 묘사되었다. 교회는 자신의 자녀들을 수태하고 품고 낳는다. 심지어 유산할 때도 있다. 그녀는 자식을 품에 안고 신앙의 젖으로 양육한다. 이렇듯 초기부터 이미 교회의 제도적 특질이 뚜렷했지만, 교회가 주교를 통해 행사하는 모성적 권위와 교회 건물을 여성적 존재로 보는 전례상의 관습은 신의 사랑이 본디 모성적 특징을 지닌다는 주장과 여전히 팽팽한 균형을 이루고 있었다. 하지만 중세가 되자 교회의 이미지는 권위적이고 소유욕 강한 어머니의 이미지로 바뀐다. 교황은 교회를 **마테르**(Mater), **마기스트라**(Magistra), **도미나**(Domina)—즉 어머니이자 권위 있는 교사이자 지배자—로 보아야 한다고 주장했다. 특히 이렇게 부른 교황은 그레고리오 7세(재위 1073~1085)로, 신성로마제국 황제 하인리히 4세와 대립했던 그 사람이다.

네브리하가 여왕에게 바친 머리말에는 근대 국가를 건설하겠다는 의도가 담겨 있었다. 그의 주장은 지금껏 교회가 독점한 보편적 모성 기능을 이제는 국가가 제도적으로 맡아야 한다고 암시한다. 어머니 교회의 품에서 처음으로 제도화된 **에두카티오**(educatio)의 기능은 근대 국가가 형성되는 과정에서 왕권의 기능으로 바뀐다.

자녀 교육 또는 양육을 뜻하는 **에두카티오 프롤리스**(educatio prolis)라는 말은 라틴어 문법에서 여성 주어를 써야 한다. 먹이고 기르는 일은 여성이건 암캐이건 암퇘지이건 상관없이 어미의 역할로 간주되었기 때문이다. 인간 중에서는 오직 여자들만이 교육을 한다. 그리고 여성이 교육하는 대상은 오로지 유아뿐이다. 유아(infant)는 어원적으로 '아직 말하지 못하는 사람'을 뜻했기 때문이다. 교육학의 속설과 달리 '교육하다'(educate)는 어원적으로 '밖으로 끄집어내다'(draw out)와 아무 관계도 없다.[13] 페스탈로치가 키케로를 읽었어야 하는 건데! 키케로는 '에두키트 옵스테트릭스, 에두카트 누트릭스'(educit obstetrix—educat nutrix), 즉 '산파는 끄집어내고 유모는 교육한다'라고 쓴 바 있다. 물론 라틴어에서는 둘 다 남성의 일이 아니었다. 남자들은 **도켄티아**

---

13 라틴어에서 'educare'(기르다, 교육하다)와 'educere'(끄집어내다)는 전혀 다른 동사임에도 1인칭 직설법에서는 'educo'로 철자가 같아 혼동하기 쉽다. 3인칭에서 이 동사들은 각각 'educat'와 'educit'로 구별되는데, 현대 영어의 educate는 'educat'(=educare)에서 온 말로 '끄집어내다'의 뜻과는 관계가 없다.

(docentia) 즉 가르치고,[14] **인스트룩티오**(instructio) 즉 지도하는 일을 했다. 그러다가 교육이라는 임무를 처음 자임한 남자는 초기 주교들이었다. 이들이 이끄는 대로 신도들은 어머니 교회의 **알마 우베라**(alma ubera, 젖먹이는 가슴)에 안겨 이후로도 내내 젖을 떼지 못하게 되었다. 이들이 신도를 **알룸니**(alumni, 젖먹이)라고 부른 것은 이 때문이었고, 이후 세속의 계승자들도 그렇게 불렀다. 이렇듯 여성의 역할을 성직자가 다스리는 특수한 제도적 영역들로 옮기는 것이야말로 네브리하가 일조하려던 일이었다. 이런 과정을 통해 국가는 여러 개의 젖통으로 각기 다른 생계요소들을 공급해주는 역할을 맡게 되었다. 이 생계요소들 각각은 나름의 기본 욕구에 대응하는 것으로서, 예외 없이 위계질서상 상층부에 속하는 남자들인 성직자가 보호하고 관리했다.

네브리하가 여왕의 백성에게 기독교 신앙만큼이나 필요한 일이라며 카스티야어를 인공어(artifact)로 바꾸자고 제안했을 때, 그가 기대고 있던 것은 헤르메스 전통[15]이었다. 당대 언어에서 네브리하가 구사한 두 단어 **레두키르**(reducir)와 **아르티피키오**(artificio)는 일상어로 쓸 때와 전문용어로 쓸 때의 의미가 다르다. 전

---

14 한국어에서는 educare(to educate)와 docere(to teach)의 뜻을 명확하게 구분할 수 없지만, 라틴어에서 'docere'는 특히 체계적이고 이론적인 가르침을 뜻하는 말이다.

15 헤르메스(Hermes)는 신과 인간을 이어주는 전령으로서 문자나 언어 해석과 관련이 있다. '헤르메스 전통'이란 여기서 발전한 것으로 인간이 자연에 개입하여 그 비밀을 캐낼 수 있다고 믿었던 사조인데, 중세 연금술이나 점성술의 배경이 되었다.

문용어로 쓸 때는 연금술의 언어에 속하는 말들이었다.

네브리하 자신의 사전에 따르면 **레두키르**는 15세기 스페인어에서 '바꾸다', '공손하게 만들다', '교화하다'를 뜻했다. 훗날 예수회가 **레두키오네스 데 파라과이**(Reducciones de Paraguay, 파라과이 원주민 교화)라고 썼을 때도 이런 의미에서였다. 나아가 **레둑티오**(reductio)는 15세기와 16세기 내내 평범한 자연 성분을 현자의 돌—닿기만 하면 모든 것을 금으로 바꾸는 만능약—로 변화시키는 일곱 단계 중 하나를 뜻했다. 여기서 레둑티오는 승화의 7단계 중 제4단계로, 회색 물질[16]이 깨달음의 기초 단계에서 고급 단계로 올라가려면 반드시 거쳐야 하는 중요한 시험을 일컫는다. 첫 네 단계는 원료를 용해하고 정제하고 증발시키는 순서로 진행된다. 제4단계 레둑티오에서는 현자의 젖으로 원료에 영양을 공급한다. 첫 세 과정을 통해 불순물 원료를 완전히 제거한 뒤에야 이 단계에 이를 수 있는데, 그러면 깊숙이 숨겨진 금의 씨앗(chrysosperm)을 밖으로 드러낼 수 있다. 이것이 **에두카티오**다. 후반부의 세 단계에서 연금술사는 **알룸누스**(alumnus), 즉 그가 젖으로 먹인 성분을 응고시켜 현자의 돌로 바꾼다. 이 단계를 일컫는 정확한 언어는 네브리하 조금 이후에 등장한다. 연금술의 언어는 『그라마티카 카스테야나』가 출간되고 1년이 지나지 않아 태

16 grey matter. 회색의 자연물과 회백질의 뇌를 함께 암시하는 표현.

어난 또 다른 인물 파라켈수스에게서 완성되었다고 해도 과언이 아니다.

국민국가가 가져야 할 언어

다시 네브리하의 책으로 돌아가자. 네브리하는 이렇게 논증을 전개한다.

> 소신은 카스티야어를 인공어(artificio)로 탈바꿈시켜 앞으로 이 언어로 쓰이는 모든 글을 단일한 표준 지침, 시대가 지나도 변치 않을 주조 방식에 따르도록 하겠다고 마음먹었습니다. 그리스어와 라틴어는 인위적으로 관리되었기에 시간이 흘러도 똑같은 모습을 간직해왔습니다. 우리의 언어에 대해서도 이런 일을 하지 않는다면, 사관들이 아무리 폐하의 치적을 찬양한다 해도 허사가 될 뿐입니다. 폐하의 노고는 몇 년을 넘기지 못할 것이며, 우리는 외국어로 적힌 이 나라 왕들의 이야기를 카스티야어로 번역해 읽게 될 것입니다. 폐하의 위업은 카스티야어와 함께 사라지거나, 머물 곳을 찾지 못한 채로 정처 없이 이국땅을 헤맬 것입니다.

로마 제국은 엘리트 집단의 라틴어로 통치할 수 있었다. 하지만 페르시아어, 아랍어, 라틴어, 프랑크어가 그랬듯이 이전 제국들에서 백성과 유리되어 쓰이던 여러 전통적인 엘리트 언어들은 기록을 남기고 외교관계를 유지하고 배움을 증진하는 데 쓰이기는 했지만, 국민국가적 군주제의 열망을 실현하기에는 미흡했다. 그렇다고 해서 근대 유럽 국가를 토박이말이 판치는 세상에서 운영할 수는 없는 노릇이었다. 새로운 국민국가는 불멸의 외교 언어 라틴어나 결국 없어지고 말 알폰소 현왕의 카스티야어와는 다른 **아르티키피오**가 필요했다. 국민국가라는 정치 체제는 국법을 따라야 하는 사람들과 군주의 명에 따라 쓴 이야기(말하자면 선전)를 들어야 하는 사람들이 두루 이해하는 표준 언어가 필요했다.

하지만 네브리하가 라틴어를 폐지하자고 말한 것은 아니다. 오히려 스페인에서 라틴어가 부흥한 데는 그의 문법, 사전, 교과서가 큰 몫을 했다. 하지만 네브리하의 중대한 혁신은 전례 없는 언어적 이상의 주춧돌을 놓았다는 데 있다. 즉 만인의 통치자 아래에서 관료, 군인, 상인, 농민이 모두 하나의 언어를 말하고, 또 가난한 자들도 이해하고 따를 수 있는 언어를 사용하는 그런 사회를 만들려 했다는 것이다. 같은 모어로 실행하는 교육은 필연적으로 피라미드적인 위계를 만들 텐데, 네브리하는 국민들 각자에게 이 피라미드 상의 자리를 정해주는 역할을 족히 해낼 수 있는 보통어의 관념을 확립했다. 또한 네브리하는 이사벨 여왕이 길이 명성을 누리려면 선전의 언어를 다듬고 벼려야 한다고 주장했다. 즉 이 언어는 라틴어처럼 보편적이고 고정적이지만, 온 마을과 농장에 파고들어 '신민'을 근대 '시민'으로 바꿀 수 있다는 주장이었다.

단테 이후로 시대가 얼마나 변했는가! 단테는 배워야 하는 언어, 문법에 맞게 말해야 하는 언어는 죽은 말일 수밖에 없다고 생각했다. 그런 언어는 학자—즉 그가 경멸조로 일컬은 **인벤토레스 그라마티카이 파쿨타티스**(inventores grammaticae facultatis, 문법술 발명가)에게나 알맞은 것이었다. 단테가 보기에 죽어 있고 쓸모없는 것을 네브리하는 유용한 도구로 제안한다. 한 사람에게는 활기찬 교류가 관심사였고, 또 한 사람에게는 보편적 정복이 관심사였던 것이다. 이 정복 사업에 수단이 되어줄 언어로부터 규칙에 따라 주조되어 나오는 어휘들은 왕궁의 석벽처럼 질서정연할 터였다.

> 폐하, 소신은 폐하의 명성이 거할 수 있는 거소의 주춧돌을 놓고 싶습니다. 제논이 그리스어의 주춧돌을 놓고 크라테스가 라틴어의 주춧돌을 놓았듯이, 저는 카스티야어의 주춧돌을 놓고 싶습니다. 그들보다 더 나은 이들이 뒤를 잇고 있다는 점은 의심할 바 없습니다. 허나 후학이 선학보다 뛰어나다고 해서 그들의 영예—또한 우리의 영예—가 훼손되지는 않습니다. 발명의 때가 무르익었을 때 언어라는 필수적 기예를 발명한 사람들이기 때문입니다. 폐하, 소신을 믿으소서. 어떤 기예도 카스티야

어 문법이 지금 맞이하고 있는 것보다 더 시기적절한 때를 맞은 적은 없나이다.

이 언어전문가는 늘 성질이 급했지만, 진보에 대한 신념이 있었기에 겸양의 말도 쓸 줄 알았다. 탁상 모험가 네브리하는 정부가 자신의 구상을 당장 채택하지 않으면 제국주의 기획이 실패할 것이라고 위협하기까지 한다. 지금이 적기란 말이야!

이제 우리 언어는 떠오르기를 기대하기보다는 가라앉는 것을 두려워해야 하는 지경에 이르렀습니다.

네브리하는 머리말의 마지막 문단을 달변으로 풀어나간다. 그는 수사학 교사로서 자신이 가르치던 것을 제대로 알고 있었음이 틀림없다. 네브리하는 자신의 계획을 설명하고, 이를 받아들여야 하는 논리적 이유를 여왕에게 제시하고, 여왕이 자신의 말에 귀 기울이지 않으면 제국주의 기획이 실패할 것이라며 겁준 다음, 이제 마지막으로 콜럼버스가 그랬듯이 이것이 여왕의 '명백한 운명'[17]임을 받아들이라고 호소한다.

---

17 manifest destiny. 거부할 수 없는 사명이란 뜻. 원래는 1840년대 미국에서 멕시코 땅이던 텍사스 등 서부에 대한 영토 확장주의를 정당화하기 위해 쓴 말.

> 폐하, 이제 소신의 문법으로부터 얻을 마지막 이점에 대해 말씀드리겠습니다. 이를 위해 올 초 살라망카에서 소신이 이 책 초고를 바쳤을 때를 상기하옵소서. 그때 폐하께서는 이런 문법이 무슨 쓸모가 있겠느냐고 물으셨습니다. 그에 대해 아빌라의 주교가 저를 대신하여 이렇게 대답했습니다. "머지않아 폐하께서는 낯선 말을 하는 많은 야만인들을 지배하에 두게 될 것입니다. 그 덕분에, 폐하의 승리 덕분에, 이들 민족에게 새로운 필요가 생길 것입니다. 승자가 패자에게 부여해야 할 법률이 필요하고 우리가 전파할 언어가 필요할 것입니다." 소신의 문법은 그들에게 카스티야어를 가르치는 데 쓰일 것입니다. 우리가 자녀들에게 라틴어를 가르칠 때 문법을 활용했던 것처럼 말입니다.

살라망카에서 네브리하가 여왕에게 초고를 전했을 때 어떤 일이 일어났는지 재구성해보자. 여왕은 인문주의자 네브리하가 히브리어, 그리스어, 라틴어 같은 성서 언어들만이 누리던 특권을 카스티야어에 부여했다고 치하했다. (그라나다가 정복된 그 해에 콘베르소인 네브리하가 쿠란의 언어인 아랍어를 언급하지 않았다는 것은 놀랍고도 의미심장하다.) 하지만 이사벨 여왕은 이 레트라도가 이루겠다는 위업—즉 살아있는 말을 문법 규칙으로 기술하는 것—이 무엇인지 이해할 수는 있었지만, 그렇게 해야 할 현실적 이유는 전혀 찾을 수 없었다. 여왕이 보기에 문법은 오로지 교사에게만 쓰임새가 있는 도구인 데다가, 토박이말은 가르칠 수 있는 것도 아니었기 때문이다.

여왕의 언어학 관점에서 볼 때, 그녀가 다스리는 여러 왕국들의 백성들은 원래부터가 전 생애에 걸쳐 **자기 힘으로** 자신의 말에 대한 완벽한 숙달 상태에 이르게끔 되어 있는 존재였다. 이러한 '제왕적 언어학'에서 토박이말은 백성의 영역이다. 본질상 토박이말은 스페인 군주의 권위가 닿지 않는 곳에 존재한다. 하지만 국민국가 건설을 서두르던 통치자 이사벨로서도 네브리하의 기획에 내재된 논리는 알아차릴 수 없었다. 처음에 여왕이 제안을 거절했다는 것은 네브리하의 제안이 그만큼 독창적이었다는 반증이다.

모어 교육의 필요성을 주장한 네브리하 책의 초고가 검토되던 시점은 콜럼버스가 자신의 계획을 여왕에게 설득하던 1492년 3월 무렵이었을 것이다. 콜럼버스의 제안도 처음에는 거절당했다. 지구의 둘레를 잘못 계산했다는 전문가 위원회의 조언 때문이었다. 하지만 네브리하의 제안을 거절한 이유는 달랐다. 그것은 이사벨이 국왕으로서 백성의 말이 지닌 자율성을 존중했기 때문이다. 왕권은 각 촌락의 사법적 자율권과 **푸에로 델 푸에블로**(fuero del pueblo) 즉 백성의 판결이 누리는 자율성을 보장하고 있었는데, 백성이나 왕 모두 이런 자율성은 스페인의 재정복운동에 참여한 대가로 기독교인이 누리는 기본적 자유라고 인식하고 있었다. 하지만 네브리하는 여왕이 품은 이러한 전통적이고도 이

베리아 반도에 특유한 견해—왕권이 왕국 내의 다양한 관습들을 침해해서는 안 된다는 관념—을 반박하며, 근대 왕권이 가져야 할 새로운 보편적 사명에 대한 그림을 보여준다.

콜럼버스가 결과적으로 성공을 거둔 것은 그의 편인 프란치스코 수사들이 나서서 콜럼버스야말로 여왕의 선교 사명을 위해 신이 보낸 사람이라고 주장했기 때문이다. 네브리하도 같은 전술을 썼다. 네브리하는 토박이말을 아르티피키오로 대체해야만 하는 이유로 세 가지를 든다. 첫째, 군주의 지배권이 미치는 범위와 지속기간이 늘어날 것이고, 둘째, 왕실의 결정에 따라 문예를 육성할 수 있으며, 셋째, 방종한 독서와 인쇄가 야기하는 위협에 맞서 기존 질서를 수호할 수 있다는 것이다. 하지만 네브리하는 "그라나다의 은총"이라는 말을 끌어들여 청원의 결론을 맺는다. 즉 전 세계를 정복하는 것뿐 아니라 교화하는 것 역시 여왕의 운명이라는 것이다.

콜럼버스와 네브리하는 둘 다 새로운 유형의 제국 건설에 이바지하려 한 사람들이다. 하지만 새로 개발된 카라벨 범선을 이용하자는 콜럼버스의 제안은 새로 스페인이 될 땅에서 왕권을 확장하는 데 국한되어 있었다. 반면 네브리하의 제안은 좀 더 근본적인 것이었다. 그는 자신의 문법을 이용하면 전혀 새로운 영역에까지 여왕의 지배권을 확장할 수 있다고 주장했다. 백성들이 매일같이 이용할 수밖에 없는 생계요소들을 국가가 통제하는 것이 바로 그것이다. 사실상 네브리하는 자급자족과 싸울 준비를 하고 있는 새 국가에게 선전포고문을 작성해준 셈이었다. 토박이말을 '가르치는 모어'로 대체하는 것이 그것이었고, 이것이야말로 보통 교육의 요소를 최초로 고안한 사건이었다.

3장

자급자족을 상대로 한 전쟁

호모 에두칸두스

역사가들은 콜럼버스가 팔로스에서 출항한 날을 편의상 중세와 근대의 전환점으로 채택해왔다. 이 시점은 교과서 편찬자가 자리를 바꿔 앉는 유용한 기준이기도 하다. 하지만 프톨레마이오스의 세계가 1년 만에 메르카토르의 세계로 바뀐 것은 아니며, 토박이 세계가 하룻밤 만에 교육의 시대로 바뀐 것도 아니다. 그보다는 전통적인 천문지리학이 경험의 확장에 따라 점차 수정되어 왔다고 보는 편이 맞다. 콜럼버스에 뒤이어 코르테스가 등장했고, 코페르니쿠스에 뒤이어 케플러가 등장했으며, 네브리하에 뒤이어 코메니우스가 등장했다. 우리를 상품과 서비스에 의존하게끔 만든 세계관의 변화는 통념과 달리 500년에 걸쳐 일어났다.

시계 바늘이 얼마나 빨리 이동하는가는 글자판 숫자가 어떤 언어로 되어 있는지에 따라 다르다. 중국인은 싹이 트는 과정을 다섯 단계로 나누고, 아랍에서는 일곱 단계를 거쳐 동이 튼다. 맨더빌에서 마르크스, 갤브레이스에 이르는 **호모 에코노미쿠스**의 진화를 설명할 때의 시대 구분은, 네브리하에서 라트케[1]를 거쳐 코메니우스에 이르기까지 **호모 에두칸두스**(homo educandus, 교육

1 Wolfgang Ratke(1571~1635). 독일의 교육학자로 교과서 편찬과 학교 개혁을 주도하여 북유럽 교육제도에 큰 영향을 미쳤다.

되어야 하는 인간)의 이념이 발전한 단계를 짚어볼 때의 시대 구분과 같을 수가 없다. 다시 말해서 아무리 동일한 패러다임이라 해도 전환점들을 달리 묶어야만, 어떻게 해서 교육 밖에서 이뤄져온 배움이 몰락하고 불가피하게 '잘못된 교육'(miseducation)—교육 제도가 필연적으로 가져오게 마련인—의 길로 접어들게 되었는지를 잘 설명할 수 있다.

콜럼버스가 발견한 것이 그저 신항로가 아니라 신대륙임을 깨닫는 데는 10년이 족히 걸렸다. 콜럼버스가 끝까지 존재를 부정한 대륙에 대해 '신세계'라는 개념이 만들어지기까지는 더 오랜 세월이 걸렸다.

여왕 폐하를 위해 모든 백성에게 '말하는 법'을 가르쳐야 한다는 네브리하의 주장과, 학교의 교사 군단이 모든 사람에게 모든 것을 완벽하게 가르칠 방법이 있다는 요한 아모스 코메니우스(Johann Amos Comenius)의 주장 사이에는 150년의 시차가 있다.

코메니우스의 시대(1592~1670)에 구세계와 신세계를 통치하던 집단은 그런 방법의 필요성을 절감하고 있었다. 하버드 대학에서 있었던 일이 좋은 예다. 네브리하의 문법이 탄생한 지 150년 뒤에 존 윈스럽 2세(John Winthrop, Jr.)는 하버드 대학 총장직을 맡아줄 신학자 겸 교육자를 찾아 유럽으로 향하고 있었다. 윈스럽이 처음 찾아간 사람은 모라비아 교회의 수장이자 마지막 주교인 체코의 코메니우스였다. 코메니우스는 런던에서 왕립학회를 창설하고 사립학교 문제를 정부에 조언하고 있었다. 『대교수학: 모두에게 모든 것을 모두 가르치는 기술』(*Magna Didactica, vel Ars Omnibus Omnia Omnino Docendi*)에서 코메니우스는 교육의 목표를 간결하게 정의했다. 교육은 자궁에서 시작되며 죽기 전까지 끝나지 않는다. 알 가치가 있는 것은 무엇이든 그 주제에 알맞은 특수한 방법으로 가르칠 가치가 있다. 모든 사람에게 학교 역할을 하도록 조직된 세상이야말로 바람직한 세상이다. 배움은 가르침을 통해 얻은 것일 때에만 개인의 인격을 완성시켜줄 수 있다. 즉 가르침 없이 배운 사람은 인간보다 동물에 가까운 존재다. 학교 체제는 남녀노소, 빈부귀천을 막론하고 모든 사람을 효과적으로-내면적으로만이 아니라 외면적으로도-가르치도록 조직되어야 한다.

이상은 하버드 대학 총장후보가 밝힌 생각이다. 하지만 코메니우스는 대서양을 건너지 않았다. 윈스럽이 자신을 찾아왔을 때 이미 스웨덴 정부의 초청을 받은 상태였기 때문이다. 크리스티나 여왕을 위해 국가 학교체제를 조직해달라는 요청이었다. 네브리하와 달리 코메니우스는 자신의 필요성을 입증할 필요가 전혀 없었다. 수요는 늘 넘쳐났다. 이사벨 여왕에게 토박이 영역은 불가침의 영역이었지만, 일자리를 찾던 스페인 레트라도나 예수회, 체코 성직자에게는 훌륭한 사냥터였다. 그곳으로부터 공식 교육의 영역이 '뽑혀 나오게'(disembedded) 되었다. 추상적 규칙에 따라 전문가가 손질한 언어, 즉 공식적으로 가르치는 모어가 등장하여 토박이말과 경쟁하고 토박이말을 잠식하기 시작했다. 값비싼 모조품이 토박이말을 점차 대체하고 약화시킨 과정은 우리가 지금 살고 있는 시장집약적 사회의 도래를 예고한다.

'토박이'라는 말

토박이(vernacular)는 인도유럽어족에 기원을 둔 단어로, '뿌리박음'이나 '거주지'라는 뜻이 있다. 라틴어 **베르나쿨룸**(vernaculum)은 공식적 교환으로 얻은 것과 구별하여 집에서 자라거나 짜거나 키우거나 만든 모든 것을 일컬었다. 노예나 아내가 낳은 자식, 자기 소유의 어미에게서 얻은 당나귀가 다 토박이 존재였다. 밭이나 공유지에서 난 농작물도 마찬가지였다. 칼 폴라니가 이 사실에 주목했다면, 이 용어를 고대 로마인들이 이해하던 의미—즉 교환이나 수직적 분배를 통한 생계유지가 아니라, 삶의 모든 측면에 묻어둔 호혜성의 패턴에 따른 생계유지—로 썼을지도 모른다.

전(前) 고전시대[2]로부터 테오도시우스 법전의 엄밀한 정의

2 pre-classical antiquity. 고전시대 또는 고전고대(classical antiquity)라고 불리는 기원전 8세기~기원후 5세기의 그리스로마 문명 이전 시대를 말함.

가 나올 때까지 **토박이**는 이런 의미로 두루 쓰였다. 이 용어를 똑같은 의미로 언어에 적용한 사람이 로마의 학자 바로(Marcus Terentius Varro)다. 바로는 **토박이말**이 딴 곳에서 길러져 이식된 것이 아니라 제 땅에서 길러진 단어와 문형으로 이루어진다고 생각했다. 바로는 널리 권위를 인정받고 있었기에 이 정의도 확고하게 자리 잡았다. 그는 카이사르와 아우구스투스의 사서였으며, 로마인 중 최초로 라틴어에 대해 철저하고도 비판적인 연구를 시도한 사람이다. 그의 『라틴어에 대하여』(*Lingua Latina*)는 수세기 동안 기본 참고자료로 쓰였다. 퀸틸리아누스(Quintilianus)는 바로가 로마인 중에서 가장 학식이 뛰어나다고 평한 바 있다. 스페인 태생으로 로마의 원로원 의원 지망생에게 수사학을 가르친 퀸틸리아누스는 교사라는 직업을 창시한 인물로 꼽힌다. 하지만 바로도 퀸틸리아누스도 네브리하에 견줄 수는 없다. 둘의 관심사는 원로원 의원과 필경사의 언어 즉 연설의 언어를 다듬는 것이었지만, 네브리하의 관심사는 여왕의 이름으로 만백성의 일상어를 통제하는 것이었기 때문이다. 한마디로 네브리하는 토박이말을 모어로 대체하자고 제안했다.

'토박이'라는 말은 바로가 언어에 국한시킨 그 의미로 영어에 도입되었다. 이제부터 나는 이 단어의 옛 숨결을 다소나마 되살리고자 한다. 우리에게는 교환을 목적으로 하지 않는 인간 행위들을 지칭할 간단명료한 단어가 필요하다. 사람들이 그날그날의 필요를 충족시키기 위해 행하는 자율적이고 비시장적인 활동을 지칭할 수 있는 단어 말이다. 이 활동은 본성상 관료적 통제를 벗어난 것으로, 필요를 충족시키는 활동을 하다보면 그 과정에서 필요의 구체적 형태가 갖춰지는 그런 활동을 말한다. '토박이'는 이런 활동을 일컫는 데 안성맞춤인 단어이며, 이 시대 사람들에게도 널리 받아들여질 만하다.

우리가 쓰는 전문용어들 가운데는 경제학자가 측정하지 않거나 측정할 수 없는 필요의 충족을 가리키는 단어들이 있다. 이를테면 경제적 생산에 반대되는 의미에서의 사회적 생산, 상품 생산에 반대되는 의미에서의 사용가치 창출, 시장 경제에 반대되는 의미에서의 가정 경제가 그러하다. 하지만 이 용어들은 특정 분야에만 쓰이거나 이념적 편견에 오염되어 있는 등 저마다 단점이 있다. 또한 용어들을 이렇게 반대 개념으로 짝짓다보면 표준화되고 공식화된 무급 활동을 토박이 활동으로 착각할 우려도 커진다. 이런 종류의 착각이야말로 내가 이 책에서 바로잡으려는 것이다. 지금 우리에게는 시카고 보이스[3]나 소비에트 인민위원회의 계량과 조작에 맞서서 능력이나 욕망, 관심사에 따른 행

---

3 Chicago Boys. 1955~1964년에 걸쳐 미국 국제개발처의 지원으로 칠레 대학생들을 시카고 대학에 초청하여 가르친 교환 프로그램이 있었다. 이때 초청된 학생들은 밀턴 프리드먼 등 시장자유주의를 신봉하는 시카고학파 경제학자들의 영향을 받고 훗날 경제부처 장관이나 경제학자로서 남미에 그 이념을 전파하는 역할을 했는데, 이들을 '시카고 보이스'라 불렀다.

위들을 일컬을 수 있는 단순한 용어가 필요하다. 이 용어는 식사 준비나 언어 형성, 분만, 여가활동 등을 다 포괄할 수 있을 만큼 폭넓어야 하지만, 현대 여성의 가사일 같은 개인화된 활동이나 취미, 비합리적이고 원시적인 일처리 등은 포함하지 말아야 한다. 여기에 꼭 맞는 용어는 없지만 '토박이'라는 말을 이런 용도로 쓸 수 있을 것이다. 내가 이렇게 토박이말에 대해서나 토박이 활동의 회복 가능성에 대해서 이야기하는 까닭은, 바람직한 미래 사회가 찾아오면 다시 한 번 삶의 모든 측면에서 확장될 토박이적 존재양식과 행동양식, 생산양식에 대해 관심과 논의를 불러일으키기 위해서다.

모어(mother tongue)라는 용어는 처음 쓰였을 때부터 한 번도 토박이말을 뜻하지 않았다. 오히려 그 반대를 뜻했다. 이 용어를 처음 쓴 것은 가톨릭 수사들이었다. 설교단에서 라틴어 대신 쓰는 특정 언어를 지칭하기 위해서였다. 이전에 인도유럽어족에서 이 용어가 쓰인 적은 없었다. 산스크리트어에 이 말이 도입된 것도 18세기 들어 영어 번역어로서였다. 내가 아는 한 현재 쓰이는 언어에서는 이 말의 어원을 찾을 수 없다. 고전시대에 자기 나라를 '어머니'로 생각한 사람은 크레타인들밖에 없었다. 19세기의 인류학자 바흐오펜(Johann J. Bachofen)은 옛 모권제의 기억이 크레타 문명에 남은 탓이라고 주장했지만, 크레타에도 '어머니 말'에 해당하는 단어는 없었다. 모어라는 용어를 낳은 연상 관념을 추적하려면 우선 샤를마뉴의 궁정에서 무슨 일이 일어났는지, 그리고 그 후 고르즈 수도원에서 무슨 일이 일어났는지 살펴보아야 한다.

카롤링거 르네상스

사람이 본성상 지향하게 되어 있는 인간성에 도달하려면 반드시 전문적 대리인의 제도적 서비스가 필요하다는 생각은 카롤링거 왕조 때로 거슬러 올라간다. '기본적 필요'라는 관념은 이때 역사상 처음으로 만들어졌다. 기본적 필요란 인류가 보편적으로 갖는 필요, 토박이 방식이 아닌 표준적 양식으로만 충족될 수 있는 필요를 일컫는다. 이 관념이 생겨난 가장 직접적인 계기는 8세기에 일어난 교회 개혁일 것이다. 스코틀랜드 출신의 수도사로 요크 대학 총장을 지내고 나중에 샤를마뉴 대제의 궁정철학자가 된 앨퀸(Alcuin of York)이 이 개혁에서 두드러진 역할을 했다. 그 전까지 교회는 성직자의 역할을 주로 '사제'로 여겼다. 말하자면 공동체의 공적이고 전례적인 필요를 충족하도록 특수한 권한을 부여받은 사람들이었다. 이들의 주된 임무는 예배에서 설교를 하고 의식을 집전하는 일이었다. 국가의 법 집행이나 로마 시대에 공적 업무를 수행하던 관료와 비슷한 공무원 역할을 한 것이다. 이런 행정 관료를 '서비스 전문가'로 생각하는 것은 오늘날의 범주를 시대착오적으로 적용하는 일일 것이다.

하지만 로마와 헬레니즘 모델에 뿌리를 둔 이 고전적 사제는 8세기 이후로 교사, 사회복지사, 교육자와 같은 서비스 전문가로 탈바꿈하기 시작했다. 교구민의 개인적 필요를 돌보는 일이 성직자의 임무가 되었으며, 이러한 정규적 서비스의 필요성을 명시하고 확립해주는 성사신학과 목회신학이 정비되기 시작했다. 개인, 가족, 마을공동체에 대한 돌봄을 제도적으로 정의하는 일이 전례 없이 중요해졌다. '어머니 교회'라는 용어는 성령의 감화를 받아 사랑으로 맺어진 신앙공동체라는 의미, 만남의 행위 자체로 이미 새 삶이 시작된다는 의미를 거의 잃게 되었다. 이후 어머니라는 용어는 가시적 공동체보다는 비가시적이고 신비적인 실재를 일컫는 표현이 되었고, 구원에 절대적으로 필요한 서비스를 제공하는 유일한 원천으로 여겨지게 되었다. 나아가 이 어머니의 복된 은총을 입는 것은 전적으로 남성 성직자 계급이 좌우하는 일이 되었다. 남성적 위계질서의 중개에 의해서만 삶의 제도적 토대에 접근할 수 있다는 이 성차별적 신학은 유례를 찾아볼 수 없는 현상이다. 이렇게 하여 모든 사람에게는 공통된 필요가 있으며, 이 필요는 전문적 대리인의 서비스를 통해서만 충족될 수 있다는 관념이 9세기에서 11세기에 걸쳐 모습을 갖추게 되었다. 다시 말해서 보편적으로 필요한 기본 재화를 산업적으로 생산하기 1,000년 전에 이미 '전문가가 제공하는 서비스 상품'이라는 관점에서 필요가 정의된 것이다.

35년 전에 루이스 멈퍼드[4]가 지적하려 한 것도 이 점이었다. 9세기 수도원 개혁이 산업 체제의 토대가 되는 기본 가정들의 일부를 창조했다는 그의 주장을 처음 접했을 때, 나는 그다지 확신이 들지 않았다. 근거가 있다기보다는 직관적이라는 인상을 받았기 때문이다. 하지만 시간이 흐르면서 산업시대의 이데올로기가 초기 카롤링거 르네상스에 기원을 두고 있다는 취지의 논의들—멈퍼드는 이 논의들을 거의 접하지 못한 듯하지만—을 다수 접할 수 있었다. 제도화된 '어머니 교회'의 이름으로 전문가가 제공하는 **개인 서비스** 없이는 구원을 받을 수 없다는 관념은 우리 시대를 이해하는 데 필수적이지만 과거에는 아무도 여기에 주목하지 않았다. 실제로 중세 신학이 이 개념을 다듬는 데는 500년이 걸렸다. 교회의 **사목적** 자아상이 완전히 다듬어진 것은 중세 말이 되어서였다. 트리엔트 공의회(1545)에 이르러서야 성직자 계급의 손으로 젖을 먹이는 어머니 교회의 자아상이 공식적으로 정의되었다. 이처럼 가톨릭교회는 이미 예전부터 세속적 서비스 조직의 주된 본보기였음에도, 제2차 바티칸 공의회에서 채택한 「교회에 관한 헌장」에서 새삼 자신의 세속적 모방품들을

4 Lewis Mumford(1895~1990). 미국의 철학자, 역사가, 문명비평가. 저자가 칼 폴라니와 함께 가장 큰 영향을 받았다고 밝힌 사상가다. 멈퍼드는 현대 기술문명의 기원이 산업혁명이 아니라 시계 발명과 같은 중세 수도원의 활동에 있음을 밝혀낸 바 있다.

노골적으로 모방하고 있다.

여기서 중요한 것은 성직자 계급이 자기들의 서비스를 인간의 본성적 필요로 정의하고, 이 서비스 상품을 영생에 없어서는 안 될 필수적 요소로 둔갑시켰다는 점이다. 마찬가지로 우리는 이제는 비세습화된 엘리트의 능력을 현대의 서비스 국가나 복지국가를 유지하기 위한 토대로 여긴다. 이러한 종교적 관념, 즉 산업 시대와 그 밖의 모든 시대를 근본적으로 구분하는 관념에 대해서는 놀랍게도 거의 연구가 이뤄지지 않았다. 기독교적 삶에 배어 있던 토박이 관념이 공식적으로 사라지고 사목상의 돌봄을 중심으로 삶이 다시 조직되기까지는 복잡하고 지루한 과정이 필요했다. 그러나 이 과정은 서구에서 언어가 변하고 제도 발전이 꾸준히 진행되는 배경이기도 했다.

고르즈 수도원에서 있었던 일

메로빙거 왕조와 중세 전성기 사이, 유럽이 하나의 이념이자 정치적 실체로서 처음 형체를 갖추기 시작하던 이 시기에 사람들의 '말'은 전혀 관심사가 아니었다. 이 말들은 '로망어'나 '테오디스크어', 즉 민중언어라는 뜻의 용어로 불리고 있었다.[5] 행정과 교리에 쓰던 라틴어와 구별해서 민중언어 일반을 가리키는 표현으로 **링과 불가리스**(lingua vulgaris)라는 말을 쓴 것은 나중의 일이다.

로마 시대 이래로 사람들이 태어나 처음 쓰는 언어는 **파트리우스 세르모**(patrius sermo) 즉 남성 가장의 언어였다. 이 **세르모** 각각은 저마다 별개의 언어로 여겨졌다. 상호 이해가능한 '방언'과 그에 대비되는 '언어'를 구별하는 근대적 인식은 고대 그리스에도 중세 시대에도 없었던 것이다. 이것은 오늘날에도 마찬가지이며, 가령 인도의 풀뿌리 민중의 사례만 봐도 그러하다. 우리가 알고 있는 단일언어 공동체는 예나 지금이나 이례적인 것이다. 발칸 반도에서 인도차이나 반도의 서쪽 경계에 이르는 지역에서 두세 가지 이상의 말을 구사하지 않는 마을은 찾아보기 힘들다. 사람마다 자신의 **파트리우스 세르모**가 있다고 여기기는 하지만, 대다수 사람들이 교습 받지 않은 토박이 방식으로 통속어 몇 개쯤 구사하는 것 역시 당연하게 받아들인다. 따라서 토박이말은, 교회에서 쓰는 라틴어나 궁정의 프랑크어처럼 전문화되고 학습되는 언어와 달리, 11세기에 이르기까지 토속 음식이나 포도주의 맛처럼, 또는 집이나 괭이의 모양처럼 다양했을 것이 분명하다. 그러나 바로 이 시기에 **모어**라는 용어가 난데없이 출현한다. 이 말이 등장하는 것은 고르즈 수도원에서 수사들이 한 설교에서다. 토박이말을 도의적 문제에 끌어들이는 것은 이곳 고르즈

---

5 로망어(Romance)는 로마 라틴어에서 갈라진 유럽 전역의 언어들에 대한 통칭이며, 테오디스크어(Theodisc)는 민중 또는 부족을 뜻하는 게르만어 '티우디스크'(þiudisk)에서 온 말로 '도이치'(Deutch)의 어원이기도 하다.

수도원에서만 목격할 수 있는 현상이다.

고르즈는 로렌 지방의 모(母)수도원으로 베르됭에서 멀지 않은 곳에 위치해 있었다. 8세기에 베네딕트회 수사들이 고르고니오 성인의 것으로 추정되는 유골을 발견한 곳에 건축했다. 9세기 들어 교회 기강이 전반적으로 무너지면서 고르즈도 타락했다는 악평을 견뎌야 했다. 하지만 이런 수치스런 몰락 과정을 겪은 지 3세대 만에 고르즈는 신성로마제국의 게르만 지역에서 수도원 개혁의 중심으로 떠올랐다. 고르즈 수도원이 시토회의 금욕적 삶을 진작한 일은 클뤼니 수도원의 개혁과 비견된다.[6] 한 세기가 채 지나지 않아 중유럽 북동부 전역에 고르즈 자(子)수도원이 160곳 이상 설립되었다.

당시 고르즈 수도원이 훗날 유럽 열강의 제국주의적 팽창에 결정적인 역할을 한 신기술—즉 말을 경작에 이용한 것—을 전파하는 중심이었으리라는 생각에는 충분한 타당성이 있다. 아시아의 네 가지 발명품인 편자, 고정식 안장과 등자, 재갈, 목사리 덕에 중요하고도 광범위한 변화가 가능해졌다. 말 한 마리는 소 여섯 마리 몫을 할 수 있다. 끄는 힘이 소의 여섯 배인데도 속도는 더 빠르고 먹는 양도 소 두 마리분에 지나지 않는다. 말의 속도 덕분에 여름이 짧은 북부 지방의 질척한 땅도 더 넓게 경작할

6 시토회와 클뤼니 수도원 모두 베네딕트회의 분파로 11~12세기 수도원 개혁의 양대 중심이었다.

수 있었고 작물을 윤작하는 횟수도 늘릴 수 있었다. 하지만 더 중요한 것은 농부가 전보다 집에서 두 배나 멀리 떨어진 밭까지도 경작할 수 있게 되었다는 점이다. 새로운 생활 패턴이 가능해졌다. 전에는 사람들이 다닥다닥 붙어살았지만, 이제는 교구 하나를 이루거나 훗날에는 학교도 세울 만큼 넓은 마을을 이룰 수 있게 되었다. 수십 곳의 고르즈 자수도원을 통해 수도원식 학습과 훈육이 거주 패턴의 재구성과 더불어 이 지역 곳곳으로 퍼져나갔다.

고르즈 수도원은 토박이말인 프랑크어와 로망어가 나뉘는 경계선 근처에 자리 잡고 있었다. 그런데 어느 날부터인가 클뤼니 수도원의 수사들 일부가 이 경계를 넘나들기 시작했다. 상황이 이렇게 되자 고르즈 수사들은 언어 즉 토박이말을 관할권 방어의 수단으로 삼았다. 수사들은 일부러 프랑크어로 설교하면서, 특히 프랑크어의 가치에 대해 힘주어 이야기하기 시작했다. 설교단을 연단 삼아 언어 자체의 중요성을 역설하기 시작했고, 어쩌면 언어를 가르치기까지 했을 것이다. 단편적 정보로 판단컨대 이들은 적어도 두 가지 점을 이용했던 것 같다. 첫째, 프랑크어는 여자들이 말하는 언어라는 점이다. 심지어 남자들이 이미 토박이 로망어를 쓰기 시작한 지역에서도 그랬다. 둘째, 프랑크어는 이제 어머니 교회에서 쓰는 언어라는 점이다.

12세기 종교 환경에서 모성이 얼마나 신성한 의미를 가지고 있었는지 알려면 당시 성모 마리아가 누린 지위를 생각해보거나 미사 때 부르던 속송(續誦, Sequentia)—그 시대의 시(詩)였다—을 읽어보라. 모어라는 용어는 처음 쓰인 순간부터 일상어를 제도적 목적에 봉사하는 도구로 바꿔놓았다. 이 단어는 프랑크어에서 라틴어로 번역되었고, 이후 드물게 쓰는 라틴어 어휘로 수세기 동안 배양되었다. 그러다 루터가 등장하기 몇 십 년 전에 갑작스럽고도 극적으로 확고한 의미를 얻게 되었다. 모어는 루터가 히브리어 성서를 번역하기 위해 만든 언어, 교사들이 루터 성서를 읽히려고 가르치는 언어, 국민국가가 실재함을 입증해주는 언어를 뜻하게 된 것이다.

언어의 비용

오늘날 '모어'에는 아이가 처음 배우는 언어, 국가 당국이 제1언어로 쓰기로 정한 언어 등 여러 의미가 있다. 그런 까닭에 모어는 직업 교사나 그 역할을 대신하는 부모에게서 교습 받은 언어가 아니라, 무작위로 고른 첫 번째 언어를 의미할 수도 있다. 하지만 우리는 근대 세계에서 의사소통을 하려면 누구나 제대로 말하는 법을 배워야 한다고 여긴다. 근대적 공간을 이동하려면 동력화된 이동 수단에 실려 다녀야 하는 것과 마찬가지로 말이다. 발은 더 이상 이 공간에 맞지 않는다. 이처럼 '가르치는 모어'

에 우리가 종속된 일은, 인간의 필요를 상품으로 정의하는 시대에 인간이 처한 모든 종속 가운데서도 가장 대표적인 본보기라 할 수 있다. 네브리하는 이런 종속의 이데올로기를 처음 정식화한 사람이다. 인간의 이동성이 발과 자유로운 통행에 달려 있지 않고 '운송 수단'의 이용 여부에 달려 있다는 이데올로기는 이제 100년이 갓 지났을 뿐이지만, 언어 교육은 훨씬 오래전부터 일자리를 만들어왔다. 쇄석 포장도로와 현가장치가 달린 마차의 등장으로 여객 운송이 주요 산업이 된 것은 18세기 중반 들어서였다.

언어 가르치는 일이 직업이 되면서 비용도 부쩍 늘어나기 시작했다. 말은 오늘날 국민총생산(GNP)을 구성하는 시장가치들 중에서 가장 큰 두 부문 가운데 하나를 차지한다. 무엇을 말할지, 누가 말할지, 언제 어떤 사람들에게 그 말을 듣게 할지는 돈이 결정한다. 말을 뱉는 데 들어가는 비용이 클수록 사람들은 더 뚜렷한 반향을 기대한다. 학교에서는 정해진 대로 말하는 법을 배운다. 가난뱅이가 부자처럼 말하고, 환자가 건강한 사람처럼 말하며, 소수가 다수처럼 말하도록 하는 데 돈이 쓰인다. 우리는 아이와 교사의 언어를 개선하고 교정하고 확장하고 갱신하는 데 비용을 지출한다. 대학에서 가르치는 전문용어에는 더 많은 돈을 쓰고, 고등학교에서 십대들이 이 용어를 맛보도록 하는 데는 더더욱 많은 돈을 쓴다. 하지만 이런 맛보기는 특수한 종류의 언어를 유창하게 구사하는 심리학자, 약사, 사서에게 의존해야겠다고 느낄 딱 그만큼만 제공된다. 이게 다가 아니다. 우리는 표준어를 내세워 민족어나 흑인언어, 촌뜨기 사투리를 깎아내린 뒤에, 그 유사품을 학문적 주제로 가르친답시고 또 돈을 쓴다. 관료와 연예인, 광고인과 언론인, 소수민족 정치인과 '급진적' 전문가는 강력한 이익집단을 구성하여 언어라는 파이에서 더 큰 몫을 차지하려고 다툰다.

미국에서 말을 하는 데 얼마나 비용이 들어가는지는 잘 모르겠다. 하지만 머지않아 여기에 필요한 통계가 나올 것이다. 10년 전만 해도 '에너지 집계'라는 것은 상상할 수도 없었지만 이제는 통상적 절차가 되었으니까 말이다. 요즘은 빵 1칼로리 분량을 재배, 수확, 포장, 운송, 판매하는 데 몇 '에너지 단위'가 투입되는지 쉽게 알 수 있다. 그리스 농촌에서 만들어 먹는 빵과 미국 슈퍼마켓에서 사는 빵의 에너지 단위 차이는 어마어마하다. 미국의 빵에 투입되는 에너지 단위는 그리스의 약 40배나 된다. 도심에서 자전거를 타면 걷는 것에 비해 4분의 1의 에너지를 쓰면서 네 배나 빨리 이동할 수 있지만, 자동차로는 같은 길을 가면서도 1인당 150배의 열량을 소모한다. 이런 정보는 10년 전에도 얻을 수 있는 것이었지만 아무도 그럴 생각을 하지 않았다. 이제 에너지 집계를 기록하고 있으니, 머지않아 연료의 필요성에 대한 사람들의 시각에도 변화가 일어날 것이다. 마찬가지로 언어 비용을 집계해볼 수 있다면 흥미로울 것이다. 각 화자 집단에서 평균 화자 1인의 언어가 형성되는 데 들어가는 돈의 액수를 알지 못하고서는 현대 언어를 완벽하게 분석했다고 말할 수 없으니 말이다. 사회적 에너지 집계가 근사치에 불과하며 크기순으로 상대적 가치를 매기는 것이 고작인 것처럼, 언어 집계에서도 표준화하여 가르치는 언어가 인구 가운데 얼마만큼을 점유하고 있는지에 대해서는 단지 상대적 데이터만 얻을 수 있을 것이다. 하지만 이 정도만 되어도 내가 말하려는 논지의 근거로 삼기에는 충분하다.

단, 어떤 화자 집단의 언어를 형성하는 데 드는 1인당 비용만 가지고는 충분한 정보를 얻을 수 없다. 부자들이 듣는 말의 단어당 비용이 가난뱅이들이 듣는 말의 비용보다 훨씬 크리라는 것은 의심할 여지가 없기 때문이다. 에너지 단위인 와트(W)는 언어 단위인 단어보다 확실히 민주적이다. 학습되는 언어는 수준이 천차만별이다. 이를테면 가난한 사람은 부자보다 훨씬 큰 소음에 시달린다. 반면에 부자는 개인교사를 둘 수 있을 뿐 아니라 침묵을 구입하여 자신의 상류층 토박이말을 보호할 수 있다. 교육자, 정치인, 연예인이 확성기를 들고 멕시코의 오악사카(와하카), 인도의 트라방코르, 중국의 농촌 마을에 들어서는 즉시, 가난한 사람들은 토박이말의 바탕을 지키는 데 필수불가결한 사치품인 침묵을 빼앗기고 만다.

하지만 침묵에 가격표를 붙이지 않더라도, 그리고 내가 근거로 삼고자 하는 더 상세한 언어경제학이 없더라도, 직업 연사들이 파는 말에 소요되는 금액은 동력을 공급하는 데 들어가는 금액을 무색케 한다고 추정할 수 있다. 부자나라의 언어는 믿을 수 없을 만큼 흡수성이 좋아서 막대한 투자액을 빨아들인다. 예부터 관료, 작가, 배우, 연예인의 언어를 가꾸는 데 지출을 아끼지 않는 것은 늘 높은 문명 수준을 나타내는 징표라 여겨왔다. 하지만 이런 지출이라고 해봐야 엘리트들에게 특별한 언어 규약을 가르치려는 노력을 보여주는 것일 뿐이다. 전통사회에서 일부 사람들에게 비밀 언어를 가르치는 데 들인 비용조차도 산업사회에서 언어를 자본화하는 데 들이는 비용에 비하면 새 발의 피에 불과하다.

오늘날 가난한 나라의 사람들은 자본화된 언어를 배우지 않고도 여전히 이야기를 나누지만, 이런 나라에도 국가 수입의 상당 부분을 자기들의 특권적 언어에 교묘히 배분하는 소수 엘리트들이 있게 마련이다. 나는 이렇게 묻고 싶다. 언어에 대해 막대한 투자를 받은—아니 빨아들였다고 할까? 견뎌낸? 살아남은? 겪은? 누린?—집단의 일상어와, 시장 바깥에 남아 있는 언어를 쓰는 집단의 일상어는 어떻게 다를까? 두 언어 세계를 비교함에 있어서 나는 지금 논의하는 맥락에 맞는 한 가지 주제에만 관심을 집중하고자 한다. 즉, 언어 자체가 갖는 구조와 기능은 투자액에 비례해 달라지는가? 만일 그렇다면 자금을 빨아들인 언어는 모두 같은 방향으로 변화하는가? 지금은 이 주제를 개관하는 마당이니만치 이것이 사실인지 입증할 수는 없다. 하지만 두 명제 모두 높은 개연성이 있으며, 구조에 관심 갖는 언어경제학이 탐구할 만한 주제라고 믿는다.

언어를 자급하던 시대

일상어를 가르친다는 것은 산업화 이전의 문화에서는 전례가 없는 일이었다. 생활언어를 직업 교사에 의존하여 배우는 현재의 모습은 화석연료에 대한 의존 못지않게 산업 경제만의 고유한 특징이다. 모어를 가르칠 필요성이 발견된 것은 400년 전의 일이지만, 언어와 에너지를 둘 다 '계획적인 생산과 분배를 통해 충족시켜야 할 전 세계적 필요'로 간주하는 것은 우리 세대에만 있는 일이기 때문이다. 자본화된 언어는 토박이말과 달리 **생산**에서 비롯되었다고 보는 것이 타당하다.

전통 문화는 햇빛을 생계의 원천으로 삼았으며 햇빛을 활용하는 주된 방법은 농사였다. 괭이, 도랑, 멍에는 햇빛을 부리기 위한 기본 수단이었다. 풍차나 물레방아도 있었지만 드물었다. 태양에 의존하여 살아가는 문화는 기본적으로 토박이 가치를 생계 수단으로 삼았다. 이런 사회에서 도구란 본질적으로 팔, 손가

락, 다리의 연장(延長)이었다. 집중화된 공장에서 동력을 생산할 필요도, 멀리 있는 수요자에게 그것을 운반할 필요도 없었다. 마찬가지로 이러한 태양력 문화에서는 언어를 생산할 필요도 없었다. 언어란 각자 자신의 문화적 환경에서 이끌어낸 것으로, 냄새를 맡고 만질 수 있고 사랑하거나 미워할 수 있는 사람들과 교류하면서 배우는 것이었다. 토박이말은 대다수 물건과 서비스를 공유하듯 전파되었다. 말하자면 정해진 교사나 전문가의 고객이 됨으로써가 아니라 다양한 형태로 상호 교류하는 가운데 배웠다. 연료를 운반하지 않듯이 토박이말을 가르치는 일도 없었다. 가르치는 언어가 존재하기는 했지만 풍차와 물레방아만큼이나 드물었다. 대다수 문화에서 말은 일상생활에 박혀 있는 대화에서 나오는 것이었으며, 싸움과 자장가, 소문, 이야기, 꿈을 듣는 가운데 만들어지는 것이었다. 오늘날에도 가난한 나라에서는 대다수 사람이 돈을 들여 교습을 받거나 말하는 방법을 가르치려는 어떤 시도도 없이 말하는 기술을 배운다. 그것도 자의식과 잘난 척이 배어 있는 무색(無色)의 중얼거림과는 전혀 비교할 수 없는 방법으로 말이다. 그래서 남아메리카와 동남아시아 시골에서 오래 지내다가 미국 대학을 방문하면 늘 충격을 받는다. 교육 때문에 음치가 된 이 학생들을 보면 가슴이 아프다. 학생들은 텔레비전의 건조한 표준 영어와 무학자의 살아 있는 말을 가려내는 귀를 잃었다. 하지만 엄마 젖이 아니라 분유를 먹고 자란 사람들에게서 달리 무엇을 기대할 수 있을까? 가난한 집안에서 태어났다면 깡통에 든 분유를 먹었을 테고, 교양 있는 집안에서 태어났다면 랠프 네이더[7]의 감시하에 조제된 분유를 먹었을 것이다. 이 분유와 저 분유 중 하나를 선택하도록 훈련받은 사람들이 보기에 엄마 젖은 또 하나의 선택지에 지나지 않는다. 이와 마찬가지로, 의도적인 **가르침**에 따라 듣고 말하기를 배운 사람들이 볼 때 교습 받지 않은 토박이말은 그저 또 다른 언어일 뿐이며, 특히 뒤떨어진 언어의 본보기로나 보일 뿐이다.

하지만 이것은 터무니없는 착각이다. 합리적 교육의 영역 바깥에 존재하는 언어는 목적을 가지고 가르치는 언어와 전혀 다른 사회 현상이다. 가르침 없이 익힌 언어가 함께 세상을 공유하고 있다는 표식으로 작용하는 곳에서는 집단 구성원들 역시 권력을 공유한다고 느낀다. 전수받는 언어로는 이 감각을 복제할 수 없다. 이런 차이는 언어 자체와 그 언어의 습득을 좌우할 권력이 내게 있는가 하는 느낌으로 드러난다. 오늘날에도 세계 곳곳의 산업화되지 않은 나라에 사는 가난한 사람들은 여러 언어를 구사한다. 통북투에서 금세공을 하는 내 친구는 집에서는 송가이어를 하고, 밤바라어 라디오를 듣고, 어느 정도 이해하는 아

7 Ralph Nader. 미국의 소비자 운동가. 1960년대부터 소비자 운동과 환경 운동의 기수로 미국의 정치와 산업에 큰 영향을 끼쳤고, 1990년대와 2000년대 대통령 선거에 세 차례에 걸쳐 녹색당 후보로 출마하기도 했다.

랍어로 하루 다섯 번씩 열심히 기도하고, 장터에서는 두 가지 상업용 언어를 쓰고, 군에서 배운 프랑스어를 이럭저럭 구사한다. 이 가운데 정식으로 배운 것은 하나도 없다. 그는 이 언어들을 마음먹고 배운 것이 아니다. 각 언어는 하나의 양식이며, 그는 이 양식을 통해서 각 언어의 틀로 이뤄진 독특한 경험들을 하나로 묶어 기억한다. 대다수 구성원이 단일언어를 쓰는 공동체는 다음 세 가지 경우 외에는 거의 없다. 즉, 신석기 시대를 벗어나지 못한 부족 공동체, 오랫동안 지독한 차별을 겪은 공동체, 여러 세대에 걸쳐 의무적 학교 교육의 '혜택'을 누린 국민국가의 시민. 대다수 사람이 단일어를 구사하는 게 당연하다고 여기는 것은 중산층의 전형적인 통념일 뿐이다. 이들이 여러 토박이말 구사자에게 감탄하는 데는 사회적 상승 욕구가 숨어 있다고 보면 틀림없다.

역사를 통틀어 가르치지 않는 언어가 우세하긴 했지만 이것만이 유일한 언어였다고 할 수는 없다. 전통 문화에서도 풍차와 운하를 이용해 에너지를 얻었으며, 큰 배를 가졌거나 강가의 목 좋은 곳을 차지한 사람들은 도구를 이용하여 동력을 자신의 장점으로 고스란히 전용할 수 있었다. 이와 마찬가지로, 가르치는 언어를 이용하여 특권을 누리는 사람은 언제나 있었다. 하지만 이런 가외의 소통 수단은 드물고 특별했으며 매우 한정된 목적으로만 쓰였다. 네브리하 이전에는 보통어 하면 대체로 토박이

말이었다. 일상 구어이든, 장사꾼 은어이든, 기도용 언어이든, 공방 은어이든, 초보적 회계 용어이든, 수렵 언어이든, 연령별 언어(이를테면 유아어)이든, 이런 토박이말들을 따로 배우기는 했으나 의미 있는 일상생활의 일환으로 배웠을 뿐이다. 물론 사제들은 라틴어나 산스크리트어를 공식적으로 배웠고 필경사가 될 사람들은 프랑크어나 페르시아어나 터키어 같은 궁정어를 배웠다. 점성술, 연금술, 프리메이슨의 신참자가 그 분야의 언어를 배우는 것은 공식적 입회 절차였다. 이렇듯 공식적으로 가르치는 언어에 대한 지식이 있으면 남보다 높아질 수 있었다. 이것은 말안장에 앉을 수 있는 자유민이 농노 보병보다 높고, 함교에 서있는 선장이 선원보다 높게 대우받는 것과 마찬가지다. 하지만 공식적 입문 의식을 통해 엘리트 언어의 봉인이 풀렸다고 해도 그 언어가 반드시 교습된 것은 아니었다. 공식적 입문 절차는 신참자에게 새 언어 기술을 전수하기 위한 것이라기보다는, 외부인에게는 사용이 금지되어 있는 특정 언어나, 특정 상황에서 그 언어를 쓸 수 없도록 하는 금기에서 그를 제외해 주려는 목적일 때가 훨씬 많았다. 남성이 사냥이나 성교 언어에 입문하는 것이야말로 관습적으로 정해진 언어 금기로부터 풀려나는 가장 흔한 사례일 것이다.

하지만 전통 사회에서는 가르치는 언어의 종류가 아무리 많든 적든 토박이말에 흔적을 남기는 일이 거의 없었다. 가르치는 언어가 언제나 존재했고 직업 성직자나 코미디언을 통해 언어가 전파되었다고 해서 나의 요점이 흐려지지는 않는다. 우리가 근대 유럽이라 부르는 사회를 제외하면, 직업 교사나 연사의 통제 아래 있는 일상어를 온 국민에게 주입하려는 시도는 한 번도 일어나지 않았다. 일상어는 최근까지 그 어디에서도 설계의 산물이 아니었고, 어디에서도 상품처럼 값을 치르거나 배급하는 일이 없었다. 그런데 국민국가의 기원을 연구하는 역사가라면 하나같이 모국어의 성립에 대해 주의를 기울이는 반면, 대부분의 경제학자들은 교습되는 모어가 근대 상품의 최초 형태이자 추후 등장할 '기본적 필요'의 원형이라는 사실을 간과하기 일쑤다.

가르치는 말과 토박이말의 차이

교습되는 구어와 토박이말을 대조하고 값비싼 언어와 비용이 들지 않는 언어를 비교하기 전에 한 가지 더 명확히 구분해야 할 것이 있다. 교습되는 모어와 토박이말 사이에 내가 긋는 선은 언어학자들이 엘리트계급의 고급 언어와 하층계급의 사투리를 구분하는 선과는 다르다는 것이다. 그것은 지역어와 초지역어를 가르기 위한 선과도 다르며, 한정어[8]와 교정된 언어를 나누기 위한 선과도, 또 문자해득자와 문맹자의 언어를 구분하기 위한 선과도 다르다. 아무리 지리적 경계의 제약이 심해도, 아무리 사회적 수준이 나뉘어 있어도, 성 역할이나 신분이 아무리 분화되어도, 언어는 토착 상태(내가 '토박이말'이라고 할 때의 그 의미)를 유지할 수도 있고 교습되는 변종 언어가 될 수도 있다. 엘리트 언어, 상거래 언어, 제2 언어, 지역 사투리 등은 전혀 새로울 게 없는 현상들이다. 하지만 이 언어들이 공식적으로 교습되고, 이렇게 교습되는 토박이말 유사품이 상품으로 기능하는 것은 전적으로 새로운 현상이다.

이 두 가지 상호보완적 언어 형태들의 차이가 가장 뚜렷하고 중요하게 드러나는 분야는 교습되는 일상어, 즉 가르치는 구어이자 표준화하여 교습되는 생활언어다. 하지만 이번에도 혼동을 피해야 한다. 표준어라고 해서 전부 문법에 얽매여 있거나 교습되는 것은 아니기 때문이다. 역사를 통틀어 볼 때 서로 간에 이해할 수 있는 방언 하나가 일정 지역을 지배하는 경향은 늘 있어왔다. 이런 종류의 제1 방언은 종종 표준 형식으로 전파되곤 했다. 그리고 이런 방언은 확실히 다른 방언보다 더 자주 문자화되었지만, 그렇다고 해서 교습이 이뤄지지는 않았다. 이런 방언이 보급된 데는 그보다 훨씬 복잡하고 미묘한 과정이 있었다. 이

---

8 교육사회학자인 바실 번스타인의 용어로, 그는 문법적으로 단순하고 완전치 못한 구문 형식을 지닌 말들을 한정어(restricted code)로, 정확한 문법과 구문 규칙에 따른 말들을 정밀어(elaborated code)로 구분하면서 이것이 사회의 계층적 차이를 반영한다고 보았다.

를테면 영국의 미들랜드 잉글리시는, 태어나면서부터 각기 다른 영어 방언을 쓰던 사람들이 모두 그 양식으로 말할 수 있기까지 느리게 제2 공용어가 되는 과정을 밟았다. 반면, 인도 북부에서 무굴 왕조의 언어(우르두어)가 등장한 것은 매우 갑작스러웠다. 우르두어는 두 세대도 지나지 않아 힌두스탄 지역의 표준어이자 넓은 지역에 걸쳐 교역 언어로 쓰였으며, 아랍 문자와 산스크리트 문자로 쓰인 아름다운 시를 전하는 매체가 되었다. 그럼에도 이 언어는 여러 세대가 지나도록 교습되지 않았을 뿐 아니라, 언어 능력을 완비하고자 하는 시인들조차도 힌디-우르두어 공부를 대놓고 외면했다. 대신 이들이 파고든 것은 우르두어의 기원인 페르시아어, 아랍어, 산스크리트어 원전들이었다. 인도네시아에서는 일본과 네덜란드에 저항한 지 반 세대 만에 전우애와 투지를 고취하는 구호와 포스터, 그리고 자유를 위한 투쟁을 선동하는 지하 라디오가 모든 마을에 말레이어를 전파했다. 나중에 독립을 이룬 뒤 창설한 언어개발부보다 훨씬 효과적이었다.

물론 엘리트 언어나 표준어의 지배적 지위는 언제나 글쓰기 기술에 의해 강화된 것이 사실이다. 인쇄술이 도입되면서 엘리트 언어의 식민 능력은 한층 확대되었다. 하지만 인쇄술이 발명되었기 때문에 엘리트 언어가 토박이말을 대체할 수밖에 없었다고 말하는 것은 빈약한 상상력의 소치다. 그것은 마치 원자폭탄이 발명되면 강대국만이 주권을 유지할 수 있을 거라고 말하는 것과도 같다. 역사적으로 교육 관료가 인쇄기를 독점해왔다고 해서, 인쇄술이 글에 새 활력을 불어넣거나 수많은 토박이말에 새로운 문학적 기회를 주는 데 이용되지 못했다고 단정할 수는 없다. 인쇄기가 토박이말 읽기의 범위와 능력을 통제 불가능할 정도로 확대시켰다는 사실은 네브리하의 가장 큰 걱정거리이자 그가 토박이말에 **반대하는** 논거였다. 16세기 초 이후로(첫 40년은 제외하고) 인쇄술을 이용하는 주된 목적이 표준 구어의 도입에 있었다고 해서, 인쇄된 언어가 언제나 교습된 언어 형태였던 것은 아니다. 교습되는 모어-그것을 국어라 부르든, 표준어라 부르든, 텔레비전 언어라 부르든 간에-의 상업적 지위는 입증되지 않은 공리에 대체로 바탕을 둔다. 그 중 일부는 내가 이미 언급한 바 있다. 인쇄술이 도입되면 글이 표준화된다는 공리, 책을 표준어로 쓰면 학교에서 표준어를 배우지 않은 사람도 쉽게 읽을 수 있다는 공리, 읽기는 본질적으로 침묵의 활동이며 대개 사적으로 수행된다는 공리, 문장을 읽고 글로 옮길 수 있는 능력을 보편적으로 키워준다면 도서관 장서의 이용률도 높아질 거라는 공리 등이 그것이다. 이런 공리들과 그 밖의 여러 망상들은 교사의 입지를 강화하고, 윤전기의 판매량을 늘리며, 언어 관습에 따라 사람들의 등급을 나누고, 지금까지도 GNP를 증가시키는 데 동원되고 있다.

토박이말은 실제 사용을 통해 전파된다. 말 그대로 뜻하고 뜻

그대로 말하는 사람이 일상생활의 맥락 안에서 하는 말을 누군가 들음으로써 배우게 되는 것이다. 가르치는 언어는 그렇지 않다. 가르치는 언어는 내가 아끼거나 싫어하는 사람에게서가 아니라 말하기 전문가에게서 배우는 언어다. 가르치는 구어는 뜻하는 대로 말하지 않고 남이 시키는 대로 앵무새처럼 되뇌는 사람을 본보기 삼아 배운다. 이런 점에서 의례적인 말로 물건을 파는 노점상은 말하기 전문가라고 할 수 없지만, 왕의 전령이나 텔레비전의 어릿광대들은 말하기 전문가의 원형이라 할 수 있다. 가르치는 구어는 주어진 원고를 줄줄 따라 읽는 대독자의 언어다. 대독자는 이사회의 결정에 따라 홍보 담당자가 편집자에게 전달한 원고를 그냥 읽는다. 가르치는 구어는 문장을 꾸미는 일만으로 돈을 받는 사람들이 지어낸 공허한 글을 읊조리고서 돈을 받는 사람들이 쓰는, 생명을 잃은 몰개성적 수사(修辭)에 지나지 않는다. 가르치는 언어를 말하는 사람은 뉴스 아나운서를 흉내 내고, 대본을 읽는 코미디언을 흉내 내며, 교사용 교재를 따라 하는 선생을 흉내 내고, 가공된 가사를 흥얼거리는 가수를 흉내 내거나, 비서관이 써준 연설문을 대독하는 대통령을 흉내 낸다. 이것은 마치 상대방의 얼굴에 대고 뭔가를 말하고 있는 양 가정하는 언어이며, 무대를 바라보는 구경꾼을 위한 언어이다. 아니, 연극의 언어라기보다는 광대극의 언어요, 진짜 배우의 언어라기보다는 광대의 언어다. 미디어의 언어는 언제나 광고주가 겨냥하는 유형의 독자와 시청자를 찾아다닌다. 토박이말은 대화로 맺어진 완전한 인간들 사이의 교류에서 생기지만, 가르치는 언어는 소음을 방출하는 것이 임무인 확성기와 동일한 주파수를 갖는다.

토박이말과 교습되는 모어는 구어라는 스펙트럼의 양 끝과도 같다. 언어는 철저히 교습될수록 철저히 비인간적이 된다. 훔볼트가 말한 것도 이런 뜻이었다. 그는 말하기를, 진정한 언어는 수학을 가르치듯 가르칠 수 있는 게 결코 아니며 오로지 북돋을 수만 있다고 했다. 말은 통신 따위와는 차원이 다른 것이다. 말의 자생적 뿌리에 기대지 않고 통신할 수 있는 것은 기계뿐이다. 전화회선은 사람들의 교류를 보장한다면서 전화회사가 가입제로 운영하고 있지만, 현재 뉴욕에서 이뤄지는 통화의 4분의 3은 기계끼리 주고받는 잡담이 차지한다. 이것은 법적 특권의 명백한 남용으로 정치적 영향력에 따른 결과이자, 토박이 영역을 2류 상품으로 전락시키는 짓이기도 하다. 하지만 언론 자유의 공론장을 자동기계들이 악용하는 것보다 더 당혹스럽고 암담한 사실은, 사람들이 이른바 '말'이라는 것을 나누는 데 쓰는 나머지 4분의 1마저도 자동기계 같은 상투어로 황폐화되고 있다는 점이다. 내용과 형식 모두 판박이 공식에 불과한 말들이 점차 늘고 있다. 이런 식으로 구어는 언어 스펙트럼 상에서 점차 토박이 영역을 벗어나 자본집약적 '통신'으로 이동한다. 벌이나 고래, 컴퓨터 사이에서 오가는 소통과 다를 바 없어지는 것이다. 물론 토박이적 요소나 측면 중 일부는 늘 살아남는다. 하지만 이것은 여느 컴퓨터 프로그램도 마찬가지다. 나는 토박이말이 죽는다고 주장하는 것이 아니다. 토박이말은 시들 뿐이다. 미국, 프랑스, 독일의 구어는 두 종류의 언어로 이루어진 합성물이 되었다. 하나는 상품을 닮은, 학습으로 배운 천편일률 언어[9]이고, 또 하나는 절름거리고 너덜너덜하고 실룩대지만 살아남으려고 발버둥치는 토박이말이다. 운송이 이동 행위에 대해 근원적 독점을 구축하고 상품이 토박이 가치에 대해 더욱 광범위하게 근원적 독점을 구축했듯이, 가르치는 모어는 말에 대해 근원적 독점을 구축했다.

성장에 사로잡힌 사람들

산업사회의 삶에 맞춰 인격을 형성한 사람들이 지금 우리가 논하고 있는 차이점—즉 자본화된 언어와 경제학적으로 값을 측정할 수 없는 토박이말의 차이점—을 알아차리지 못하는 것은 모종의 저항감 때문이다. 이것은 때로는 종교적 금기만큼이나 강력하게 작용한다. 산업 체제 안에서 자란 사람들이 엄마 젖과 분유 사이의 근본적인 차이를, 문학과 교과서의 근본적인 차이를,

---

9 uniquack. 발음이나 어조의 차이 없이 똑같다(uni-)는 뜻과 오리의 꽥꽥대는(quack) 소리를 합친 말로, 아무 뜻도 없이 천편일률적으로 쓰는 학습된 언어들을 말함.

발로 이동하는 거리와 차로 이동하는 거리의 근본적인 차이를 깨닫지 못하는 것도 같은 종류의 저항감이 작용하기 때문이다. 나는 이미 지난 몇 년간 이런 사례들을 통해 저항의 문제를 논의한 바 있다.

집에서 조리한 음식과 냉동식품이 맛, 정성, 만족도에서 엄청난 차이가 있다는 데는 대부분이 동의할 것이다. 하지만 이 차이를 따져보고 이해하는 것은 쉬운 일이 아니다. 특히 평등한 권리와 형평성, 빈민 봉사에 헌신해온 사람들에게는 더욱 그러하다. 이들이 아는 것은 젖을 먹일 수 없는 엄마가 몇 명인지, 사우스브롱크스의 단백질 결핍 아동이 몇 명인지, 과일나무로 둘러싸인 멕시코에서 비타민 결핍으로 다리를 저는 사람이 몇 명인지와 같은 것들뿐이다. 내가 토박이 가치와, 경제적으로 측정할 수 있고 따라서 관리할 수 있는 가치 사이의 차이점을 제시하면, 이른바 프롤레타리아의 교사를 자처하는 사람들은 내가 사소한 경제외적 문제에 치중하느라 중요한 문제를 외면하고 있다고 말할 것이다. 기본적 필요와 연관된 상품의 공정한 분배를 먼저 추구해야 하지 않겠느냐고 물을 것이다. 이것이 실현된다면 시와 낚시는 별다른 고민이나 노력이 없어도 저절로 따라올 것이라고 말이다. 마르크스에 대한 해석도, 해방신학이 제시하는 마태복음 해석도 이와 다를 바 없다.

의도는 갸륵하지만 이들의 주장은 19세기였다면 비논리적이라 치부되었을 것이며, 20세기 들어서는 숱한 경험을 통해 거짓으로 입증되었다. 지금까지 토박이 가치를 보편적 상품으로 대체하려는 모든 시도는 평등이 아니라 '빈곤의 현대화'—그것도 위계화된—로 이어졌다. 이 새로운 분배제도하의 빈민은 '시장에 거의 또는 전혀 접근할 수 없기 때문에 토박이 활동으로 생존할 수밖에 없는 사람들'이 아니다. 오히려 현대의 빈민은 언어 면에서나 활동 면에서나 토박이 영역에 대한 접근이 가장 가로막힌 사람들이다. 이들은 자신에게 그나마 남아 있는 토박이 활동에서마저 가장 작은 만족밖에 얻을 수 없다.

내가 무너뜨리고자 하는 두 번째 금기는 토박이말과 교습되는 모어의 구분에 가로놓여 있는 금기가 아니다. 또한 교습되는 모어가 말에 대한 근원적 독점을 행사함으로써 토박이말이 파괴되는 현상에 대한 것도 아니며, 이 토박이 영역의 마비가 계급에 따라 다른 강도로 나타난다는 사실에 대한 것도 아니다. 이 세 가지 문제는, 현재는 제대로 이해되고 있지 않지만 얼마 전까지만 해도 널리 논의되던 주제다. 이와 달리 끈질기게 외면당하고 있는 논점이 있다. 그것은 유급 대리인이 아니라 부모가 무보수로 모어를 가르치는 경우가 점차 늘고 있다는 사실이다. 이렇게 되면 아이들은 자신과 나눌 이야깃거리가 있는 어른에게서 뭔가를 들을 기회마저 빼앗긴다.

이런 생각이 뚜렷이 떠오른 것은 얼마 전 뉴욕에 가서 몇 십

년 전 내가 잘 알았던 사우스브롱크스를 방문했을 때였다. 나를 초청한 젊은 대학 교수는 동료 교수와 결혼해서 살고 있었는데, 한 청원서에 내가 서명해주기를 바랐다. 화재가 난 빈민가 고층 건물 주민들에 대한 보상 차원에서 유치원 취학 전 아이들에게 언어 훈련을 해달라는 청원이었다. 나는 이미 두 번이나, 단호하긴 했지만 꽤나 곤혹스럽게 부탁을 거절한 상태였다. 그는 이 같은 교육 서비스의 확대에 대한 나의 반감을 누그러뜨리고자 흑인, 백인, 황색인이 사는 이른바 '가정'으로 나를 데려갔다. 대부분 편부모 가정이었다. 거기서 나는 사람 살 곳이 못 되는 시멘트 복도에서 수십 명의 아이들이 뛰어다니는 광경을 보았다. 텔레비전과 라디오에서는 하루 종일 영어와 스페인어 방송이 흘러나오고 있었으며, 심지어 이디시어 방송까지 나오고 있었다. 언어 면에서나 공간 면에서나 아이들은 미로에서 길을 잃은 것처럼 보였다. 친구는 다시 서명을 재촉했지만, 나는 이 아이들이 다시 거세되어 교육 영역에 처박히지 않도록 보호해야 한다고 맞섰다. 논의는 평행선을 달렸다. 저녁에 친구 집에서 밥을 먹으면서 나는 문득 그 이유를 깨달았다. 이 지옥 같은 곳에서 살기를 자청함으로써 나의 존경을 받고 있던 이 사람은 이제 부모이기를 그만두고 완전한 교사가 되었던 것이다. 이 부부는 자녀 앞에서까지 **인 로코 마기스트리**(in loco magistri) 즉 '교사의 입장에' 서 있었다. 아이들은 부모 없이 자라는 셈이었다. 두 어른은 아들 둘과 딸 하나를 향해 말끝마다 '교육'을 했다. 저녁식사 자리에서도 끊임없이 자녀들에게 말하는 본보기를 보였고 내게도 그리 해달라고 부탁했다.

자녀사랑 전문가로서 아이들을 기르면서 전문가에 준하는 상담 실력으로 지역 단체에서 봉사하고 있는 이 전문가 부모들은, 관리되는 사회에 무보수로 기여하는 것과 토박이 영역을 복원하는 것의 차이를 알지 못하고 있었다. 그들은 새로운 유형의 성장지향 이데올로기의 손쉬운 먹잇감이 되고 있었다. **호모 에코노미쿠스**가 마주친 최후의 오만한 미개척지인 그림자 경제를 계획하고 조직해야 한다는 이데올로기에 사로잡혀 있었다.

네브리하에 대한 나의 논평과 관련해서 '교습되는 모어'의 역사에 대해 더 읽을 만한 글은 다음과 같다.

HEISING, Karl, Muttersprache, ein romanistischer Beitrag zur Genesis eines deutschen Wortes und zur Erstehung der deutsch-französischen Sprachgrenze, *Mundartforschung*, XXIII, 3, pp. 144–174.

DAUBE, Anna, *Der Aufstieg der Muttersprache im deutschen Denken des 15. und 16. Jahrhunderts*, Deutsche Forschungen, Vol.34, Verlag Diesterweg, 1940. 평범한 박사 논문이지만 인용문이 많이 실려 있다.

BOSSONG, Georg, *Probleme der Übersetzung wissenschaftlicher Werke aus dem Arabischen in das Altspanische zur Zeit Alfonsos des Weisen*, Tübingen, Niemeyer Verlag, 1979.

AUERBACH, Erich, *Literatursprache und Publikum in der lateinischen Spätantike und im Mittelalter*, Berlin, Francke Verlag, 특히 4장.

TANLA-KISHANI, Bongasu, African Cultural Identity through Western Philosophies and Languages, *Présence Africanie 98*, second trimester 1967, p. 127. "아프리카 길거리의 평범한 사람은 자신이 두 가지 유럽어를 구사해야 이중어 구사자라고 이따금 생각하게 된다. 아프리카 언어는 방언, 토박이말, 사투리로 취급되기 때문이다."

JOSTEN, Dirk, Sprachvorbild und Sprachnorm im Urteil des 16, und 17. Jahrhunderts. Sprachlandschaftliche Prioritäten, Sprachautoritäten, Sprachimmanente Argumentation, *Europäische Hochschulschriften*, R1, 152, Bern/Frankfurt, Lang, 1976. 현대 독일사상가들의 견해를 알 수 있다.

BAHNER, W., *Beiträge zum Sprachbewußtsein in der spanischen Literatur des 16. und 17. Jahrhunderts*, Berlin, Rüttner Verlag, 1956.

4장

민중에 의한 연구

'민중에 의한 과학' 대 '민중을 위한 과학'

'민중에 의한 연구'라는 용어는 1970년대에 등장해서 이제는 꽤 널리 쓰이는 듯하다. 이 용어는 다면적이고 분권화된 연구 공동체를 이루고 있는 저자들의 문헌-이런 문헌에 대한 가장 좋은 안내서는 보레만스가 만든 목록[1]이다-에 주로 등장하는데, 이들은 소비로부터 스스로를 플러그 뽑듯 뽑아내고 현대적 방법을 활용해 단순 정연하고 더 자율적인 삶을 살아가는 사람들이다. 이들은 자신들의 연구 활동을 지칭하는 이 용어를 내가 어떻게 이해하고 있는지 밝혀달라고 종종 요청해오곤 한다. 언뜻 보기에 이 신조어는 애매하면서도 이데올로기적인 느낌을 주며, 가까운 과거에서는 선례를 찾기도 힘들다. 이 용어를 쓰는 사람들은 13세기 로저 베이컨[2] 이후 과학이 의미하던 바를 정확히 뒤집은 의미로 쓰는 듯하다.

보레만스 목록을 살펴보면 '민중에 **의한**(by) 과학'은 '민중을 **위한**(for) 과학'의 반대말로 쓰이고 있음을 알 수 있다. '민중을 위한 과학'이란 '연구 개발'이라 부르는 일들을 가리키는데, 2차 대

---

1 Valentina Borremans, "Guide to Convivial Tools", *Library Journal Special Report 13*, New York, RR Bowker, 1979. —원주.

2 Roger Bacon(1214~1294). 영국의 철학자, 자연과학자. 경험적이고 실험적인 방법을 도입하여 신학으로부터 과학을 구별함으로써 근대 과학의 아버지라는 평가를 받고 있으나, 연금술적인 요소도 많았다.

전 후로는 'R&D'로 줄여서 부르고 있다. R&D는 대개 정부, 기업, 대학, 병원, 군(軍), 재단 같이 덩치 큰 기관에서 진행한다. 연구 결과를 기관에 팔고자 하는 소규모 연구진이 사업 목적으로 수행하는 경우도 있다. R&D는 매우 존경받는 활동이며, 공공선을 위한다는 명분으로 막대한 자금을 지원받고 세금을 면제받는다. 고등 학위를 소지한 학계 인사들에게는 고소득 정규직을 제공해주기도 한다. R&D의 대상은 사회과학이 될 수도 있고 자연과학이 될 수도 있다. 또 기초과학이 될 수도 있고 응용과학이 될 수도 있으며, 개별 학문이 될 수도, 학제간 연구가 될 수도 있다. '민중을 위한 과학'이라는 말을 R&D에 대해 붙일 때 반드시 비난의 뉘앙스로 쓰는 것은 아니다. 뜻으로만 보면, 반대한다는 의미보다는 단지 연구 결과가 연구자의 일상 활동과 아무런 직접적 연관성이 없다는 의미일 뿐이다. R&D는 중성자탄에 대해서도, 근육장애에 대해서도, 태양전지에 대해서도, 양식장에 대해서도 할 수 있지만, 그 수혜자는 늘 다른 사람이다. '민중에 의한 과학'은 분명히 그와 다르다.

'민중에 **의한** 과학'이라는 말은 언뜻 들으면 여우의 신 포도처럼 스스로를 자위하는 표현으로 들릴 수도 있다. 자금을 거의 받지 못하거나 전혀 못 받고, 후원도 받지 못하며, 저명한 학술지에 실릴 기회도, 슈퍼마켓에서 인기를 끄는 상품으로 연결될 일도 없는 연구를 가리키기 때문이다. 하지만 여기에 종사하는 사람들은 찬밥 신세도, 돈에 눈먼 사람들도 아니다. 이들은 신중하고 체계적이고 엄격하게 연구를 수행하고 있고, 관련 분야의 R&D에 대해서도 잘 알고 있으며, 자신의 연구 결과를 적용 가능한 분야에 잘 활용하고 있다. 나아가 이들은 연구를 전파하고 비판할 공론장 격인 대안적 출판 네트워크를 10년도 지나지 않아 만들어냈다. 이들은 홀로 또는 소규모 팀으로 일하며, 자신의 생활 방식과 형태에 직접적으로 영향을 미치는 연구 결과를 주로 내놓는다. 또한 특허에 별반 관심이 없어서 완성된 결과물을 돈벌이 목적으로 내놓는 일도 드물다. 이들을 R&D 종사자들의 가난한 사촌쯤으로 여기는 것은 터무니없는 착각이다.

이들의 연구와 R&D의 차이점은 직관적으로도 쉽게 알 수 있다. '민중에 **의한** 연구'에서는 자신들에게 직접 도움이 되는 도구와 환경을 만들고 개선하고 아름답게 하는 데 치중하며, 남들이 자신의 연구를 모방하거나 개작해도 개의치 않는다. 이런 차이는 실제적인 쓸모에서 명확히 드러난다. 하지만 이런 차이에 대한 논쟁은 대부분 막연하거나 감정 혹은 이념에 치우쳐 있으며, 논점을 벗어나기가 일쑤이다. 그 차이를 가장 훌륭하게 정식화한 정의조차도 소극적 표현에 머물러 있다. 그 좋은 예로 보레만스의 정의를 들 수 있다. "민중에 의한 과학은 (…) 시장이나 전문가에 대한 종속을 심화하지 **않으면서** 일상 활동의 사용가치를 증대시키는 연구이다."

따라서 '민중에 의한 연구' 하면, 널리 실천되고 있으면서도 오늘날의 언어로는 이름 붙이기 힘든 무언가를 추구한다는 느낌이 든다. 하지만 이 활동은 어엿한 연구이지 요행수를 바라는 시행착오가 아니다. 도서관 자료 조사가 연구를 뒷받침하며, 전 세계 동료들이 비판적 검토를 한다. 민중에 의한 연구는 연구자가 시장으로부터 자신을 플러그 뽑듯 뽑으려는 시도다. 자율성을 추구하지만, '좋았던 옛날'로 되돌아가거나 아미시 공동체의 삶을 모방하려는 게 아니라 새로운 종합을 이루려고 한다. 이 연구는 취미도 종교 사업도 아니다. 연구자 자신의 실질적인 안락과 아름다움을 향상시키는 데 우선적인 목적이 있고 또 결과를 비판적으로 검증하기 때문에, 어떤 의미에서도 몽상적이라고 할 수 없다. 이 기준에 들어맞는 시도와 활동은 명백히 새로운 어떤 것이며, 어떠한 단어로도 표현할 수가 없다. 포트 드 미외(faute de mieux) 즉 뾰족한 수가 없으니 '민중에 **의한**'이라는 용어로 만족해야겠다.

나는 역사가로서, 전혀 새로운 것이라는 주장을 접하면 늘 의심이 든다. 어떤 사상의 선례를 찾을 수 없으면 '어리석은 사상이어서 그렇겠지' 하는 생각부터 든다. 나를 갸우뚱하게 하는 이런 주제에 대해 상상 속의 대화를 나눌 만한 친숙한 과거 인물을 찾을 수 없을 때면, 나는 '현재'라는 좁은 지평에 갇힌 죄수처럼 심한 외로움을 느낀다. 그래서 '민중에 의한 연구'라는 말의 의미를 밝혀달라는 요청을 받았을 때 나는 주변을 먼저 돌아보았다. 그러다가 마침내 동지로서 손색이 없는 12세기 사상가 생빅토르의 위그(Hugues of St. Victor)를 찾아내게 되었다. 그는 비록 고전고대 이후이긴 하지만 근대 과학이 태동한 13세기 이전에 살았기 때문에 우리가 관습적으로 '과학'이라 부르는 것에 물들어 있지 않았다.

생빅토르의 위그

위그는 1096년경에 플랑드르 지방의 이프르(Ypres)에서 태어난 것으로 추정되며 작센에서 자랐다. 당대에는 그가 가르치던 수도원의 이름을 따서 '생빅토르의 위그'로 불렸으며, '후고 선생', '가경자(可敬者) 후고', '위대한 휴' 등으로 불리기도 했다.[3] '작센의 후고'라고도 불렸는데, 이유는 그가 하머슬레벤의 한 수도원에서 어린 시절을 보냈고 일부 사람들이 훗날 그에 대해 블랑켄부르크 왕가 태생이라고 주장했기 때문이다. 그는 기술철학에서 중요한 위치를 차지할 자격이 있다. 내가 아는 어떤 저술가와도 다른 독창적인 방식으로 이 주제를 다루었기 때문이다. 하지만 R&D의 대안을 찾으려는 현재의 시도에 위그의 사상이 어떤 공

3 위그(Hugues)는 프랑스식, 후고(Hugo)는 독일식, 휴(Hugh)는 영어식 이름이다. 가경자(Venerabilis)는 가톨릭에서 복자(福者) 후보자에게 붙이는 존칭.

헌을 할 수 있는지에 대해서는 아직까지 한 번도 검토된 바가 없다. 그러고 보면 과학사와 기술사의 큰 줄기에서 그가 거론되지 않았다는 것도 매우 의미심장하다. 그의 이름은 기껏해야 기다란 명단에 잠깐 등장할 뿐이다. 따라서 위그의 사상을 논하기 전에 그가 어떤 사람인지 설명하는 게 좋겠다.

위그는 젊은 시절에 의전수도회[4]라는 새로운 수도회에 입회했다. 이들은 일반 수도회와 달리 유럽의 인구학적 변화—주로 자유도시의 부상(浮上)—로 인해 생겨난 남성 공동체였다. 본디 수사들은 규칙과 관행에 따라 작은 전원 공동체에서 종종 고립된 삶을 살곤 했다. 새로 개간한 땅으로 둘러싸인 자족적 거주지에서 생활했으며, 전례에 참여하는 일과, 수도원과 밭을 관리하는 육체노동 말고는 거의 아무것도 하지 않았다. 이에 반해 새로 등장한 의전수도회는 대개 도시에 자리 잡았으며, 기독교 대중들을 교화하기 위해 본보기가 되는 삶을 살았다.

위그는 젊은 시절에 친척과 함께 작센을 떠나 파리로 가서 아우구스티누스회 소속의 생빅토르 수도원에 정착했다. 당시 수도원은 파리 성곽 밖에 있었다. 파리는 지적인 활력으로 넘치고 있었으며, 대단한 학식과 열정적인 신념에 넘치는 사람들이 대담

4 Canons Regular. 전업 수도자들이 세속과 분리되어 영적 수양을 도모한 일반 수도회와 달리, 사제들로 주로 구성되어 전례생활과 포교를 주목적으로 공동생활을 한 수도회. 12세기에 널리 성행했고 생빅토르 수도원도 그 중심의 하나였다.

하고 단적인 언변과 행동으로 공공연하게 논쟁을 벌이곤 했다. 이 모든 정신적 소용돌이의 중심에는 성당학교[5]가 있었다. 이곳은 70년 뒤에 결국 대학으로 발전한다. 당시 교장은 피에르 아벨라르(Pierre Abélard)였다. 날카롭고 신랄한 기지를 갖춘 명석한 성직자로서 서구의 위대한 스승으로 꼽히는 아벨라르는 학생들에게 우상 같은 존재였다. 반면 아벨라르의 동료 교사 몇 명은 그의 조롱 속에 학교에서 쫓겨났는데, 위그의 스승인 샹포의 기욤(Guillaume de Champeaux)도 그 중 하나였다. 아벨라르의 가르침은 비판적 사유의 과정과 방법을 쇄신하는 결정적 계기가 되었다. 믿음과 복종이 지배하던 시대 한복판에서 아벨라르는 방법적 회의의 중요성을 역설했다. 그는 명망 있는 권위자들의 상반되는 의견들을 맞세운다든지, 상호 대립된 전통들이나 저자들 사이의 갈등을 해결하는 데 있어 이성의 역할을 강조함으로써 의심의 필요성을 실연해보였다. 윤리학에서는 유비 원칙을 적용하여, 전례와 율법이 지배하는 시대에 양심과 동기의 측면을 강조했다. 아벨라르에게는 숙적이 있었는데, 위대한 신비주의자 클레르보의 베르나르(Bernard de Clairvaux)였다. 고귀한 금욕주의자로 베네딕트회의 격렬한 개혁가이자 십자군 원정 때 설교자이기도 했던 베르나르는 아벨라르의 입을 틀어막으려고 일생 동안

5 노트르담 대성당이 운영한 부설학교를 말함. 후일 소르본대학(파리대학)이 되었다.

마녀사냥을 벌였다. 베르나르가 보기에 철학과 인문학은 오로지 성서 이해에 도움이 되는 한에서만 수사와 학자에게 쓸모가 있는 학문이었다.

아벨라르의 적수는 한때 승리를 거두었다. 장안의 화제가 된 엘로이즈와의 연애—엘로이즈는 가장 총명한 제자였다—로 인해 아벨라르는 자리에서 쫓겨나고 거세당하고 조롱거리가 되었다. 위그가 인간의 삶에서 과학의 자리가 어디인지 가르치려고 파리에 온 것은 이즈음이었을 것이다. 당시에 위그의 존재를 기록한 최초의 문헌적 증거를 보면, 이미 그는 생빅토르의 대스승으로 인정받고 있었다. 스승(master)이라는 말에는 이중적 의미가 있는데, 위그는 연구부장이었을 뿐 아니라 생전은 물론 사후에까지 막대한 지적 영향력을 발휘했다. 생빅토르 수도원이 두 세대 동안 섬세하면서도 익살과 비판을 겸비한 현실적 신비주의를 추구한 것은 위그의 영향 때문이다.

위그의 삶에 대해서는 알려진 바가 거의 없다. 몇 개의 일화가 전해 내려올 뿐이다. 아마도 위그는 로마에 가봤을 것이다. 하지만 그의 작품을 읽어보면 독창적이고 고유한 사상적 특징을 쉽게 찾아낼 수 있다. 글마다 개성적 문체가 뚜렷이 드러난다. 위그는 끊임없이 제자들에게 "뭐든지 배워라. 시간이 지나면 배워서 헛된 것은 아무것도 없다는 걸 알게 될 것이다"라고 충고했다. 독일의 문예비평가 에른스트 R. 쿠르티우스는 위그 이전에는 기독교인에게 웃음을 권한 신학자가 한 명도 없었다고 말한 바 있다. 심지어 위그는 교사들에게 학생들을 유쾌하게 해주라고 독려하기까지 했다. 진지한 내용은 유머를 버무려야 더 쉽고 즐겁게 흡수할 수 있다는 이유에서였다. 700년 넘도록 육체를 경계하고 그것을 자극하는 웃음을 멀리하라고 배운 학생들에게 이러한 권고는 충격적인 것이었다. 위그를 간호하고 임종을 지킨 오스베르크 수사의 기록에 따르면, 위그는 마지막 순간까지 쾌활함을 잃지 않았다고 한다. 수도회 문지기이던 오스베르크는 사람들이 무리 지어 위그의 무덤을 찾았다고 말한다. 하지만 파리에서는 흉흉한 소문도 돌기 시작했다. 기술 발전을 극도로 불신하던 시토회 출신 학생들은 위그의 유령이 밤마다 자신들을 찾아온다고 불평했다. 위그가 자기들을 찾아와서는, 과학과 기계에 대한 지나친 호기심 때문에 연옥에서 벌을 받는 중이니 거기서 풀려나도록 기도해달라고 부탁했다는 것이다.

사후에도 위그는 충성스럽지만 대체로 서툰 제자들뿐이던 수도원을 넘어 큰 영향력을 발휘했다. 도미니크회 출신으로 명성을 떨친 알베르투스 마그누스와 그의 제자 토마스 아퀴나스, 프란치스코회에서 가르친 헤일스의 알렉산더와 보나벤투라가 그의 영향을 받았다. 위그의 사상과 글은 훗날 『그리스도를 본받아』(*Imitatio Christi*)에 실려 널리 읽혔다. 위그는 키르케고르가 인용한 소수의 중세 사상가 중 한 명이다. 하지만 가장 뚜렷하고 폭넓은 영향을 미친 것은 교과서가 된 그의 저작 『디다스칼리콘』(*Didascalicon*, 가르침)이다.

12세기 중엽은 역사상 드문 시기였다. 학자들은 과거 저작들이 지닌 영향력이 거의 끝물에 달했다고 확신했다. 그리스, 로마, 교부시대의 사상도 완전히 흡수되어 사상가들은 과거의 성취를 자유자재로 활용했다. 베르나르, 아벨라르, 생빅토르의 위그는 1110~1150년 사이의 짧은 시기에 꽃핀 전혀 새로운 유형의 천재를 대표했다. 이들 사상가는 전통을 완전히 소화하여 새로운 종합을 마음껏 이룬 사람들이다. 당시는 아리스토텔레스의 과학 및 형이상학 저작들이 파리에 소개되어 사상계를 뒤흔들기 전이었다. 저작들이 아직 아랍어에서 번역되지 않은 상태였고, 아랍어 주석도 알려져 있지 않았다. 이러한 창조적 소강상태에서 피에르 롬바르의 『신학 명제집』(*Sententiarum*, 1150), 그라티아누스의 『교회법 모순법령 해제집』(*Concordia discordantium canonum*, 1140), 그리고 그 중 최초의 저작인 위그의 『디다스칼리콘』(c. 1127) 등 서구 최고의 교과서들이 집필되었다. 이 책들은 17세기까지도 교양 교육을 추구하는 사람들—모든 성직자, 아니 모든 학자—에게 여전히 필독서로 남았고, 문법서를 제외하고는 학교 교과서로 이례적인 수명을 누렸다. 이 책들을 더 이상 의심없이 받아들이지 않게 된 것이야말로 르네상스나 종교개혁보다 훨씬 더 중세의 종언을 뚜렷이 알려주는 사건이었다.

위그의 명성이 이렇게 길고 폭넓었음에도 '기계과학'(mechanical science)에 대한 그의 독창적 사유가 주목받지도 언급되지도 않았다는 사실은 매우 의미심장하다. 위그는 기계과학이 인간의 신체적 약점을 치료해주는 철학의 한 부분이라고 정의했다. 이 약점은 인간이 자연을 훼손한 데 따른 결과인데, 과학은 이런 생태 교란을 바로잡는 약이라는 것이다. '민중에 의한 과학' 운동이 지향하는 새로운 과학 개념에 대해 설명해달라는 부탁을 받을 때마다 나는 생빅토르의 위그가 펼친 사상을 소개하는 것보다 더 나은 방법이 떠오르지 않는다.

과학은 인간을 치료하기 위한 것

위그의 주요 관심사인 은유, 비유, 신비학, 사랑 등을 독자에게 소개하는 것은 이 글의 범주를 벗어나는 일이다. 따라서 나는 치료제로서의 과학이라는 측면과 기계학의 과학적 측면에 대한 그의 성찰을 문맥에서 따로 떼어내고자 한다. 하지만 위그의 생각을 독자에게 납득시키려면 우선 그가 인간 조건을 어떻게 인식했는지 설명해야 할 것이다. 위그는 창세기에 기록된 인간 기원론을 받아들였다. 신은 먼저 아담을 창조했고 아담에게서 이브를 창조했다. 신이 인간을 창조한 목적은 나머지 창조 세계와 조화롭게 살아가라는 것이었다. 신은 인간을 에덴동산의 관리인으로 임명하면서 까다로운 임무를 부여했지만 노동은 전혀 시키지 않았다.

위그는 신이 만물을 본래의 아름다운 모습을 따라 만들었다고 굳게 믿었다. 아름다움에 대한 이런 주장, 즉 실재에 대한 시각적 지각을 강조한 것은 위그 사상의 특징이다. 신은 아담과 이브에게 세 가지 눈을 주었다. 몸의 눈은 일상 사물을 보기 위한 것이고, 이성의 눈은 영원한 아름다움의 의미를 명상하기 위한 것이며, 또 다른 눈은 조물주를 관조하기 위한 것이다. 특히 이 마지막 눈은 육안으로는 볼 수 없는 빛을 보도록 만들어진 것으로, 비가시적 존재 즉 "그가 어떤 존재인가는 결코 알 수 없고, 어떤 존재가 아닌지만을 알 수 있는" 존재를 보도록 설계된 것이다. 세 가지 눈은 조물주가 인간에게 부여한 기본적 특징 중 하나다. 위그는 신의 빛이 이렇게 세 가지 방식으로 눈에 비친다고 생각했고, 자연은 바로 이 빛을 반사해주는 매체라고 보았다. 자연은 인간이라는 거울에 비친 영혼이요 천국의 모습이라는 것이다.

위그는 또한 성서 이야기 그대로 조물주가 최초의 부부에게 어떤 제한을 두었다고 믿었다. 아담과 이브는 에덴동산을 마음껏 이용하고 누릴 수 있었으나 한 나무의 열매만은 따먹을 수 없었다. 히브리어로는 **하다아트**(Hada'at) 나무라고 하는데, 이 말은 지식, 관통, 능력, 소유를 뜻한다. 하지만 타락한 천사인 뱀은 인간이 우주에서 높은 위치를 차지하자 샘이 났다. 그래서 이브에게 이 나무의 가지를 꺾어 열매를 따 먹으라고 꾀었다. 위그는 아담이 호기심 때문이 아니라 이브를 향한 깊은 **아펙투스 딜렉티오니스**(affectus dilectionis) 즉 '사랑의 감정' 때문에 그녀가 준 열매를 먹었다고 주장한다. 그 결과 인간의 세계는 뒤죽박죽이 되었다. 눈의 거울이 흐려지자 인간은 부끄러움을 느꼈다. 이와 동시에 인간이 이용하고 생계의 원천으로 삼던 자연에도 저주가 내렸다. 본디 에덴의 정원사로 창조된 인간은 이제 피 흘리는 자궁에서 태어나 엉겅퀴 가득한 땅에서 식량을 얻어야 했다. 인간은 낙원의 한가로운 정원사로 창조되었으나, 원초적 자연의 규칙을 어긴 죄로 땀 흘리고 고생을 해야만 간신히 연명할 수 있게 되었다.

위그는 이러한 생태적 역사 이해를 일반 과학이론의 출발점으로 삼는다. 인간은 자신의 잘못 때문에 약한 존재가 되었으며 자신이 훼손한 환경에서 살아가야 한다. 그렇다면 과학은 이 고통스러운 조건의 치료법을 찾는 활동이다. 따라서 위그가 가장 중점을 둔 것은 자연을 사이비 낙원으로 바꾸기 위해 그것을 통제하거나 지배하거나 정복하는 게 아니라 인간의 부족함을 채우는 것이었다.

위그의 은유는 신앙의 시대에나 어울리는 것이지 양자역학의 시대에 맞는 것이 아니다. 그가 살았던 곳은 창조 세계였지 별들의 공간이 아니었다. 또한 그에게 역사란 구원사이지 진화사가 아니었다. 하지만 그와의 거리를 뛰어넘어 생태학에 대한 우리의 접근법을 그의 생각과 비교, 대조하는 것은 가능하다. 위그의 생태학은 과학의 필요성을 해명하기 위한 가설이고, R&D의 생태학 역시 과학적 가정을 토대로 삼고 있기 때문이다. 이 부분을 알아보려면 위그가 쓰는 언어에 귀 기울여야 한다.

위그는 불길처럼 옮겨 다니며 살았다. 독일에서 태어나 파리에서 살았으나 그가 쓴 언어는 라틴어였다. 오늘날의 영어 사용자는 당시의 라틴어가 어떤 언어였는지 좀처럼 이해하지 못한다. 태어나면서부터 그것을 쓰는 사람은 없었다. 학자들은 고전시대 라틴어를 따로 배웠다. 하지만 이들 학자, 필경사, 종교인, 법률가에게 라틴어는 일상 대화에서 주로 쓰는 언어였다. 따라서 그들은 자신의 필요와 감정, 기분에 맞게 라틴어를 다듬을 권리가 있다고 생각했다. 라틴어는 죽은 언어가 아니었고, 일부 구성원만이 타고나는 엘리트 언어도 아니었다. 라틴어는 학술 공동체의 살아 있는 언어였으며, 라틴어 사용자는 모두 비교적 뒤늦게 라틴어를 습득했다. 따라서 라틴어는 우리 시대가 잃어버린 종류의 말이다. 그런 까닭에 중세 라틴어를 번역하는 것은 언제나 위험 부담이 따르는 일이다. 이를테면 위그가 **필로소피아**(philosophia)에 대해 이야기할 때, 그의 취지를 현대 영어로 옮기자면 '철학'보다는 '과학'에 훨씬 가까울 것이다.

위그가 철학(또는 과학)에 대한 자신의 일반 이론을 제시한 저작은 두 가지다. 하나는 심화 학습을 위한 일반적 입문 교재 『디다스칼리콘』이고 다른 하나는 『철학에 대한 딘디무스의 대화』(*Epitome Dindimi in philosophiam*)다. 『대화』는 『디다스칼리콘』보다 두 해 뒤에 쓴 것으로 추정된다. 이 책에서 위그는 동방의 이교도 나라에서 온 덕망 있는 바라문 왕 딘디무스의 입을 빌려 이야기한다. 이 인물은 위(僞) 칼리스테네스(Pseudo-Callisthenes)가 알렉산드로스 대왕에 대해 쓴 소설에서 차용한 사람인데, 위그는 이 책을 라틴어 번역으로 읽었다. 위그가 딘디무스의 대화 상대로 출연시킨 인물은 인달레투스와 소스테네스다. 인달레투스는 위그 시대에 400년 넘도록 무슬림의 지배를 받고 있었던 스페인 남부를 개종시킨 전설적 사도의 이름이고, 소스테네스는 사도행전(18:17)에 나오는 유대교 회당장인 소스데네를 말한다. 이교도와 기독교도가 대화를 나눈다는 설정은 언뜻 낯설어 보이지만 여기에는 교묘한 전략이 숨어 있었다. 위그는 많은 사람을 불쾌하게 할 수밖에 없는 문제를 이런 식으로 지적하고 싶었다. 즉 신앙의 도그마에 기대지 않고 과학의 생태학적 토대를 일관되게 설명하고 싶었던 것이다. 그래서 위그는 자기 대신 논증할 인물로 덕망 있는 이교도 바라문을 택했다. 바라문은 과학 탐구가 인간의 타고난 권리이며 성서의 도움 없이도 해나갈 수 있는 연구임을 기독교인보다 더 자유롭게 펼칠 수 있을 터였다. 위그에게는 선택의 여지가 거의 없었다. 기독교 시대 이전의 그리스인을 골랐다면, 독자들은 그리스도가 온 뒤로 과학의 조건이 달라졌다고 주장했을 것이다. 이슬람교도를 골랐다면 독자들은 신앙의 빛을 거부하는 완고한 불신자의 생각으로 해석할 우려가 있었다. 그래서 위그는 당시에 '사실상' 기독교인으로 간주될 수 있는 금욕적 이교도를 골랐다. 위그가 딘디무스에게 부여한 임무는 철학 내지 과학을 통합할 기준과 그 속에서 기계학이 점하는 위치를 설명하는 것이었다.

최초의 남녀가 자연의 질서를 어김으로써 일어난 부조화 때문에 인간의 시야는 어둠에 휩싸이게 되었다. 하지만 진리의 영원한 불이 완전히 꺼진 것은 아니었다. 외적으로는 감각 속에서, 그리고 내적으로는 상상력 속에서 이 불은 계속 타오르고 있다. 이 불은 호기심, 경이, 찬탄으로 끊임없이 옮겨 붙고 있는데, 이것들이야말로 다름 아닌 과학의 출발점이다. 과학은 애초의 생태학적 재앙으로 인해 상실된 인간 능력을 부분적으로나마 회복하려는 시도다. 이 재앙 때문에 인간 역사가 시작되긴 했지만 말이다. 과학의 주요 목표는 세 가지로,

> (…) 지혜, 덕, 그리고 필요에 대처하는 능력이다. 지혜는 사물을 있는 그대로 이해하는 것이다. 덕은 마음의 습관, 즉 자연의 방식대로 이성과 조화를 이루는 습관이다. 네케시타스(necessitas) 즉 '필요에 대처하는 능력'은 우리가 살아가는 데 꼭 필요하지만 그것이 없다면 우리를 더 행복하게 만들 수도 있는 것이다. 이 세 가지는 인간의 삶이 처한 세 가지 악에 대항하는 세

> 가지 치료제다. 지혜는 무지를 치료하고, 덕은 악덕을 치료하며, 능력은 신체의 나약함을 치료한다. 사람들은 세 가지 악을 없애기 위해 치료제를 찾아다녔으며, 이 치료제를 손에 넣기 위한 기술과 훈련법을 발견했다. 지혜에 대해서는 이론술을 발견했고, 덕에 대해서는 실용술을 발견했으며, 필요에 대해서는 기계술을 발견했다.

이 글에서 위그가 출발점으로 삼고 있는 것은 **이그노란티아**(ignorantia)다. 즉 신으로부터 오는 밝은 빛을 상실하여 심안(心眼)이 어두워진 상태를 말한다. 이에 대한 치료제로 필요한 것은 사물을 있는 그대로 보는 이론과학이다. 이 과학은 우리를 지혜로 인도한다. 그 다음으로 치료해야 할 것은 **비티움**(vitium) 즉 도덕적 나태함이다. 이를 치료하려면 **하비투스 아니미**(habitus animi), 즉 정신의 안정된 습관이 필요하다. 에리히 프롬의 용어로는 '품성'(character)으로 번역할 수 있을 것이다. 이것을 얻는 방법이 바로 윤리학이나 사회학, 즉 인간을 덕성으로 이끄는 **프락티카**(practica, 실천)다. 마지막으로, 우리는 자연과의 조화를 잃은 채 살아간다. 자연을 침해했던 일 때문에 우리는 그 보복으로 '필요'라는 부담을 지게 되었다. 우리가 살아가려면 이 필요를 받아들이고 이겨내야 한다. 이 과제는 위그가 기계과학이라 부른 것에 의지하여 해결할 수 있다. **테오리카**(theorica), **프락티카**(practica), **메카니카**(mechanica)는 인간의 나약함을 치료하는 세 가지 수단이다.

딘디무스는 인간의 나약함을 이겨내는 디딤돌의 역할이야말로 모든 과학의 공통된 특징이라고 주장한다. 내가 알기로, 과학과 기술의 탄생이 인간 본성상의 결점에서 비롯되었다고 설명한 사람은 위그가 처음이다. 하지만 이런 결론이 위그 자신에게서 나온 것인지는 분명치 않다. 그럼에도 인간의 결점에 대한 치료제로 과학을 정의하는 것은 위그만의 독창적 발상임에 틀림없다. 그런 까닭에 인간이 과학에 끌리는 것이요, 애초부터 인간 자신의 행동 때문에 훼손된 환경에서 살아가기 위해서는 과학에 끌릴 수밖에 없다는 것이다. 이 견해는 1159년경 생빅토르의 리처드(Richard of St. Victor)가 쓴 『리베르 엑스켑티오눔』(*Liber Exceptionum*, 선집)에 실렸으며, 위그가 죽은 지 80년 뒤에 마지막으로 언급되었다. 이러한 과학관은 근대의 과학관, 즉 아리스토텔레스가 재발견된 13세기에 모습을 갖추기 시작하여 아직까지도 서구에서 지배적인 과학관과는 정반대되는 관점이다.

위그의 과학과 우리의 과학이 어떻게 다른지 제대로 알려면, 우리는 딘디무스처럼 위그의 용어에 충실하게 과학을 **필로소피아**[6]로 말하긴 하되 다음과 같은 것으로 보아야 한다. 딘디무스는 말하기를, 과학이란 "잘 알려진 것을 소중히 아끼는 사랑의 태도라기보다는, 이미 맛보았고 그래서 만족을 얻었던 것을 더 얻

---

6 여기서 필로소피아(philosophia)는 어원 그대로 '지혜에 대한 사랑'이라는 뜻으로 쓰임.

으려는 욕망에 이끌린 사려 깊은 진리 추구"라는 것이다. 이것은 확실히 R&D가 지향하는 바와는 다르며, 자연을 예속시키려는 베이컨식 시도와도 양립하지 않는다. 더 중요한 사실은 필로소피아로서의 과학이 '진리를 찾아내고 발표하는 것을 목표로 삼는 순수하고 무미건조한 연구'가 아니라는 점이다. "이미 맛보았고 만족을 얻었던 것을 더 얻으려는 욕망에 이끌린 사려 깊은 진리 추구"는 오늘날 '민중에 **의한** 과학' 말고는 마땅한 이름이 없다. 자신의 활동에 이 이름을 붙이는 사람들은 위그가 과학, 철학, 지혜에 대한 사랑이라는 말로 뜻하고자 했던 바와 비슷한 무엇인가를 추구하는 사람들이다. 위그는 자신들이 훼손한 세상에서 영원히 살 운명에 처한 인간이 스스로 자초한 부족함을 낫게 할 치료제로 추구하는 것이 바로 과학이라고 정의했다.

인간과 자연을 화해시키는 도구

'민중에 의한 과학'을 검토하는 데 있어서 스승 위그가 기여하는 바는 또 있다. 위그의 독창성은 치료제로서의 과학이라는 개념뿐 아니라 **스키엔티아이 메카니카이**(scientiae mechanicae, 기계학)를 철학 안에 포함시켰다는 점에서도 드러난다. 기계학은 신체적 결함을 치료하는 구체적 치료제들에 대한 방법상의 성찰들로 이어진다. 그런 치료제들로는 **라니피키움**(lanificium, 길쌈), **아르마투**

라(armatura, 무기와 연장 제작), **나비가티오**(navigatio, 교역을 위한 항해술), **아그리쿨투라**(agricultura, 농사), **베나티오**(venatio, 사냥)와 같이 사물에 의미 있는 변화를 일으키는 일차적 활동들과, **메디키나**(medicina, 의술) 및 **테아트리카**(theatrica, 연극)와 같은 활동들이 있다. 딘디무스는 이런 기술 하나하나에 지혜가 숨어 있다고 말한다. 따라서 기술에 대한 성찰을 철학의 일종으로 간주해야 한다는 것이다.

> 살아 있는 모든 것은 자신에게 맞는 보호 장구를 가지고 태어난다. 오직 인간만이 벌거벗은 채 무방비 상태로 이 세상에 태어난다. 다른 생물이 날 때부터 가진 것을 인간은 발명해야 한다. 그러나 자연을 모방하고 이성을 통해 채비를 갖춤으로써 인간은 환경에 대처할 수단을 가지고 태어난 것보다 더 찬연하게 빛날 수 있다.

위그가 보여주는 짙은 쾌활함, 즉 인간 본성에 대한 그의 지적 낙관주의를 이해하려면 중세 기독교 신앙이라는 맥락 안에서 바라보아야 한다. 위그의 신학 저술을 보면 그가 인간 원죄의 의미와 구원의 필요성에 얼마나 사로잡혀 있었는지 알 수 있다. 또한 그는 자연에 대한 인간의 불복종과 공격이 자연의 복수라는 형태로 끝없이 되돌아오고 있다고 확신했다. 자연은 인간의 욕구와 필요를 채워주기를 거부한다는 것이다. 하지만 위그는 체념을 가르치지도, 자연을 인간의 지배 아래 두자고 선동하지도 않는다. 오히려 인간과 환경 사이의 부조화를 통해서 인류에게 부과된 중요한 과제를 발견한다. 그것은 자연을 모방하는 인공물을 제작하는 과제이며, 낙원에서 살던 때의 조건 이상으로 인간을 높일 수 있는 디딤돌로 그 인공물을 쓰는 과제이다. 이런 디딤돌의 제작에 내재한 **지혜**를 연구하는 것을 위그는 '기계학'이라고 부른다. 그리고 이것을 철학에 포함시킨다.

오늘날 민중에 의한 과학을 주창하는 사람들에게서도 비슷한 입장을 찾아볼 수 있다. 이들은 '민중을 **위한** 과학'의 성과를 이용하는 것에 대해 전혀 거리낌을 느끼지 않지만, **수이 게네리스** 즉 그 자체가 본래 가졌던 목적에 이용되어야 한다고 주장한다. 하지만 많은 이들에게 이 주장은 감상적이거나 모호하게 들릴 뿐이다. 게다가 이 주장을 하는 사람들 역시 과학에서는 이런 사상적 전통이 없기에 의지할 곳을 찾지 못하고 있다. 생빅토르의 위그를 떠올린다면 이들도 자신의 주장을 더 정밀하게 다듬을 수 있을 것이다.

11세기 말에 이르기까지 이 용어가 어떻게 발전했는지 추적하면 기계술에 대한 위그의 독창성을 더 잘 이해할 수 있을 것이다. '기계적'이라는 용어의 어원은 그리스어 **메카네**(*μηχανη*)다. 고전시대 그리스인들에게 기계술은 기적, 주술, 환영, 또는 물시계나 오목거울 같은 기술적 장치를 이용하여 자연을 속이는(허를 찌르는) 방법이었다. 이 기계적 힘은 신, 마녀, 배우, 장인을 통해 눈앞에 드러나곤 했다. 훗날 그리스어가 지중해의 교역 언어가 되었을 때, **메카네**는 신기한 일을 하는 자를 일컬었고 **파브리카**(fabrica, 제작자)는 간단한 일을 하는 자를 일컬었다. 그러나 라틴어는 이런 의미를 채용하지 않았고, 이에 상응하는 용어를 새로 만들지도 않았다. 로마의 천재성은 자연을 속일 필요가 없었기 때문이다. 로마를 건설한 이들은 자신의 '능력'을 잘 알고 있었다. 우리가 훗날 기술(technique)이라 부르게 될 것들에 대해서도 로마인들은 포괄적 용어를 만들지 않았다. 그런 용어가 없이도 그들은 농업이나 전쟁술에 대해 그것이 자신의 것인지 남의 것인지, 외부에서 받아들인 것인지 정확하게 기술할 수 있었다. 로마 군대는 만신전에 신을 모으듯 기술을 모았다. 하지만 신학이 필요 없었듯이 기술학도 그들에게는 필요가 없었다.

고대 후기에는 **메카네**라는 용어가 거의 쓰이지 않았다. 하지만 무어인[7]이 스페인을 침공하기 전, 세비야의 이시도루스[8] 덕분에 이 용어는 여느 고전적 용어들과 함께 중세에 살아남을 수 있었다. 그에게 기계술이란 직접 사용하거나 시장에 내다 팔기 위해

7 Moors. 북아프리카에 살던 아랍계 이슬람교도의 명칭.

8 Isidorus. 세비야의 대주교. 615~630년에 당시 백과사전 격인 전 20권의 『어원지』(語源誌, *Etymologiarum seu Originum libri*)를 써서 8세기 초 무어인의 침공으로 인한 문화적 단절에도 불구하고 고전시대의 지식을 중세 후기에 이어주는 역할을 했다.

서 뭔가를 잘 고안해서 '만드는' 과정을 의미했다. 이후 샤를마뉴의 시대가 되자 **아르테스 메카니카이**(artes mechanicae, 기계술)는 여러 새로운 의미를 갖게 되었다. 처음에 학자들은 자연의 솜씨 있는 모방품을 만들어내는 인간 활동을 명시적으로 일컫는 데 이 용어를 썼다. 훗날 교황 실베스테르 2세가 된 괴짜 천재 제르베르 드 오리야크(Gerber de Aurillac)는 기계술이 모든 천구의 정교한 운동을 기술하는 공식을 나타낸다고 단언했다. 이와 동시에 석공들이 로마네스크 양식의 기둥머리에 사도와 용과 꽃을 배열하는 것도 기계술이라 불렀는데, 이것이야말로 가시적 세계와 비가시적 세계를 연결하는 기술이었다. 1000년경에 **메카니카**는 사제나 기사의 일반적 능력을 뛰어넘는 신비한 능력을 일컫는 상류층 용어였다. 이 점은 830년경에 무명의 젊은 수사가 콩피에뉴 수도원에서 자신을 가르친 스승 E(나머지 이름은 판독할 수 없다)에게 보낸 편지에 뚜렷이 나타난다.

> (…) 제가 스승님과 함께 있을 때 마노 스승께서 기계학이 무엇인지, 기계술을 어떻게 생각해야 하는지 알려주셨습니다. 하지만 안타깝게도 모두 잊어버렸습니다. 부디 제게 알려주십시오. 기계력이란 무엇입니까? 무엇보다 **메카니카**[주술]와 **마테시스**(mathesis)[점성술]는 어떻게 다릅니까?

이상과 같이 '메카니카'는 그리스인에게는 자연을 속인다는 뜻이었고, 헬레니즘 시대에는 능력과 비슷한 것이었으며, 중세 암흑시대에는 점성술의 보완물을 의미했다. 위그의 시대에 스콜라 철학의 용법으로 쓰였을 때는 자연을 솜씨 있게 모방한다는 뜻이었다. 위그가 '기계'라는 단어를 쓴 것은 이런 의미에서였다. 위그는 실용적 기술과 지혜가 어떤 관계인지 탐구한다.

위그 이전에 이 용어를 쓴 중세 사람들은 늘 '아르테스 메카니카이' 같은 형태로 기계와 기술을 결합해서 썼다. 기계를 '기술'이 아닌 '과학'(학문)과 결합시킨 사람은 위그뿐이다. 위그는 스키엔티아이 메카니카이(기계학)를 처음 이야기한 사람이다. 위그의 관심사는 양털로 옷감을 짜는 것이 아니라 이 기술과 지혜의 관계를 알아내는 것이었다. 위그가 길쌈을 바라보는 관점은 마하트마 간디와 다르지 않았다. 위그는 길쌈이나 교역이나 의술이나 연기에 대한 연구가 과학자의 지혜를 높이는 데 어떤 기여를 하는지, 그리고 인간 본연의 결함을 치유하는 능력을 어떻게 높이는지를 확증하고자 했다. 그는 이런 실용적 기술들에서 진리의 거울을 찾았다. 창조된 세계와 인간 정신을 위대한 두 개의 거울로 묘사한 적도 있다. 위그는 과학의 인도를 받은 실용술로 거울을 닦기를 기대했다.

기술을 진리의 거울이라 분석하면서 위그는 기술이 반사하는 것과, 창조된 세계와 정신이 반사하는 것 사이의 본질적 차이를 명확히 한다. 자연과 정신은 신이 창조한 매개체—비록 인간 때문에 흐려지긴 했지만—를 통해 진리의 빛을 반사한다. 아담과 이브가 저지른 생태적 훼손이 신이 만든 거울을 어지럽히긴 했지만 깨뜨린 것은 아니다. 반면, 기계과학은 기술자가 신의 자연을 모방하여 만든 매개체를 통해 동일한 빛을 반사하려고 한다. 이 거울의 반은 자연적인 것이고 반은 인간의 작품이다. 따라서 기계학은 인간의 결함을 효과적으로 치료하는 데 기여하는 한, 신의 피조물이 아닌 인간의 작품을 연구하는 학문이다.

딘디무스는 말하기를, 인간이 만든 인공물을 연구하면 자연과 인간을 연구할 때와 달리 자연의 작동 방식을 이해하는 마스터키를 얻을 수 있다고 한다. 반은 인간의 고안물이고 반은 자연의 모방인 기술의 양면적이고 사생아적인 성격을 설명하기 위해 딘디무스는 기발한 어원을 끌어들인다. 메카네가 그리스어 모이코스(μοιχός, 간통자)에서 왔다는 것이다. 딘디무스가 보기에 기술은 진리를 반사하지만 왜곡하기도 한다. 따라서 기술에 대한 과학적 연구는 아무리 진정으로 철학적이라 하더라도 '기계적'이거나 사생아적이다.

과학을 치료제로 보고 기계학을 과학의 일부로 간주하는 위그의 두 가지 관념은 그의 죽음과 함께 잊혀졌다. 이것은 놀라운 일이다. 왜냐하면 르네상스 시대까지 입문용 교과서로 널리 쓰인 『디다스칼리콘』에도 이 생각들이 명확히 표현되어 있기 때문이다. 독자들이 그의 사상을 받아들이지 않은 한 가지 이유로는, 위그의 45년 생애에 때맞춰 기술 발전이 급격히 이루어졌다는 점을 들 수 있다. 한 세기도 지나기 전에 유럽 북서부의 철 소비량이 곱절 이상 늘었다. 철은 편자, 바퀴쟁기, 큰낫 같은 도구에 꼭 필요했다. 이 도구들은 발명된 지 3세기가 지났지만 그제야 널리 쓰이기 시작했다. 또한 이 시기에는 십자군 원정이 시작되어 철갑 수요도 부쩍 늘었다. 위그 생전에 물레방아 대수가 곱절로 늘었으며 물레방아를 동력원으로 하는 새로운 기계의 수와 종류는 더 빨리 증가했다. 수도원은 기계 작업장으로 탈바꿈했다. 이 모든 도구를 제작하고 관리하고 수리하는 인력도 점차 늘었다. 이들은 새로운 장인이자 숙련공—과거의 범주에 들어맞지 않는 도붓맴장이와 직업 광부—이었다. 이제 기계술이라는 이름은 이 사람들이 하는 일을 가리키게 되었다. 사람들은 이런 신기술 종사자들을 새로운 하층민으로 얕잡아 보는 경향이 있었다. 위그가 죽은 지 두 세대쯤 지나서 물레방아와 대학이 유럽 전역이 전파되자, 학식 있는 사람들은 더 이상 기계술을 학문적 주제로 논하지 않게 되었다. 기계술 종사자는 새로운 종류의 임금 노동자로 여겨졌는데, 최초의 근대적 대량생산 형태와도 관련이 있는 이런 임금 노동자는 12세기까지만 해도 프랑스에서 드문 존재였다. 당시 기계술이라는 용어는 자연을 '속이는' 일과는 거의 무관한 것이 되었으며 모방과는 더더욱 무관해졌다. 그 의미는 이제 자연의 착취에 가까워졌고, 이미 자연의 지배라는 방향으로 진화하고 있는 중이었다. 손기술이 요구되는 분야를 대학 교과과정에 넣으려는 시도가 진지하게 이루어진 것은 몇 세기 뒤의 일이다. 심지어 의학을 교과과정에 넣을 때도 외과는 제외되었다. 500년이 지난 18세기에 마침내 도구 제작학이 대학 교과과정에 들어가게 되었으나, 이 학문의 개념은 위그의 **스키엔티아 메카니카이**(민중에 의한 과학)와는 정반대였다. 위그의 과학은 자연을 모방함으로써 지혜를 추구하는 것이었으나, 새 학문은 **공학** 즉 인간을 '위한' 생산에 관심을 갖는 과학임이 분명했다.

영어에는 '도구로서의 도구학'을 적절하게 일컬을 만한 단어가 없다. '테크놀로지'는 미흡하다. 이 용어는 오늘날 도구 그 자체를 일컫는 말로 쓰이고 있다. 컴퓨터, 바이오가스 발효기, 기계작업장, 연장 일습 같은 도구들 말이다. 영어에서 테크놀로지는 일의 주체를 가리키기도 한다. 토목기사, 전기기사, 선박기관사는 '기술적' 양성과정을 밟은 사람들로 불린다. 지금은 이런 영어 의미가 전 세계적으로 쓰이고 있다. 하지만 얼마 전까지만 해도 이것은 독일어나 프랑스어에는 해당되지 않는 일이었다. 프랑스의 사회학자이자 신학자인 자크 엘륄(Jacques Ellul)은 **기술**(techniques, 현재 영어에서 쓰는 technology의 의미)과 **라 테크놀로지**(la technologie)를 적절하게 구별한 바 있다. '라 테크놀로지'에 대해 이야기하려면 별도의 용어가 필요한데, 나는 '비판적 테크놀로지'라는 용어를 제안한다.

위그에서 베이컨으로

민중에 의한 과학에 대해 글을 써달라는 부탁을 받고서 12세기의 두 번째 사반세기를 살펴본 것은 내가 아는 한 이 시기에 처음으로 비판적 테크놀로지가 모습을 드러냈기 때문이다. 그 시대에 도구와 인간의 관계를 언급한 사람은 생빅토르의 위그만이 아니었다. 이를테면 아우크스부르크의 호노리우스(Honorius of Augsburg)와 장로 테오필루스(Theophilus the Presbyter)도 이 논의에 중요한 기여를 했다. 나는 이 글과 짝을 맞추어 두 사람에 대해서도 에세이를 쓸 계획이다. 고대 이후 모든 문화에서 사람들은 도구를 썼으며 도구를 어떻게 사용해야 하는지 이야기하고 도구의 효과를 서로 비교했다. 사용 설명서는 매우 흔했다. 인도 바라문들은 논리와 문법에 쓰는 생각의 도구들을 그리스 철학자들보다 훨씬 비판적으로 분석했다. 하지만 그들 중 누구도 육체 노동의 도구들을 이론적 연구 주제로 명시화하거나 체계적으로 다루지 않았다. 그러다가 1120년경에 이르러서야 처음으로 물리적 성격을 갖는 도구가 사회적 또는 철학적 문제로 인식되었던 것이다.

위그와 일부 사람들이 기술에 대해 비판적 물음을 던지기 시작했다고는 해도, 이들은 여전히 도구를 당연하게 받아들이는 문화 안에서 살고 있었다. 각 문화에서 쓰는 도구의 목록은 한정되어 있었지만, 문화 전체를 통틀어보면 언어만큼이나 다양한 도구가 존재했다. 게다가 때때로 새로운 도구가 나타나 삶의 방식을 바꿔놓았다. 이를테면 13세기에 편자, 재갈, 목사리, 바퀴쟁기 등 말의 효율을 부쩍 끌어올린 일련의 도구들 덕에 중유럽의 경관이 온통 바뀌었다. 한편 어떤 도구들은 도태되기도 했다. 하지만 도구들이 이토록 큰 변화를 가져왔음에도, 도구의 변화와 사회에 미친 영향은 연구 주제가 되지 않았다.

따라서 위그의 시대에 딘디무스라는 바라문이 기독교 신비가의 목소리로 세속의 지혜에 대해 이야기하는 것은 완벽하게 사리에 맞았다. 기독교인들이 인간과 환경의 관계를 인식하는 방식은 여전히 도교나 유대교, 힌두교와 대화를 나눌 수 있을 만큼 공통의 전제를 가지고 있었다. 인간이 아무리 효과적이고 심지어 파괴적으로 환경에 충격을 가하고 있었다 해도, 모든 사람은 여전히 농업을 생물학적인 채굴이 아니라 에덴동산을 관리하는 일—잡초, 해충, 악천후에 아무리 시달릴지언정—쯤으로 여기고 있었다. 도구를 개량하거나 새 도구를 들여놓은 것도, 더 많은 잉여물을 생산해 시장에서 팔기 위한 것보다는 소출을 늘려 넉넉하게 살려는 목적이었다.

이에 반해 위그의 세대에는 깊은 변화의 조짐이 나타나고 있었다. 이를테면 쟁기와 물레방아를 쓰기 시작하면서 생계에 필요한 만큼을 넘어 소출을 거둘 수 있게 되었으며, 새로 생긴 도시는 잉여 농산물을 내다팔 시장이 되었다. 격렬한 기술 혁신과 생태계 파괴의 시기가 시작되었다. 위그의 기계학 사상이 등장한 것은 바로 이런 상황에서였다. 이론 면에서 위그는 자급자족적 생계 때문에 도구의 개선 가능성이 생긴다고 주장했고, 도덕 면에서는 이것이 과학의 목표가 되어야 한다고 주장했다.

12세기 말이 되자 유럽의 분위기는 기계술 면에서나 지적 연구 면에서나 크게 달라졌다. 12세기 초의 위대한 사상가들과 13세기 초의 사상가들을 뭉뚱그려 '스콜라 철학자'로 부르면 두 집단의 차이를 놓치기 쉽다. 두 집단이 살던 시기 중간에 스페인의 유대인들과 베네딕트회 수사들이 아랍어로부터 그리스 철학을 번역했기 때문이다. 이 철학들은 아랍어 덕분에 400년 동안 살아남을 수 있었다. 이 철학들이 번역되자 전혀 새로운 과학관이 퍼지게 되었다. 과학은 위그가 생각했던 것처럼 과학자의 결함을 치유하는 치료제 즉 '이미 맛보았고 만족을 얻었던 치료제'를 주의 깊게 추구하는 연구라기보다는, 사물의 원리를 파헤치는 활동으로 여겨지게 되었다. 과학을 이렇듯 새로운 관점으로 바라보게 됨에 따라 기술적 수단들에 대해서도 새로운 태도가 생겨났다. 새 물레방아는 자연에 대한 인간의 지배를 상징했으며, 새 시계는 시간에 대한 지배를 상징했다. C. S. 루이스의 말마따나 이 관계는 자연을 수단 삼아 일부 사람이 다른 사람에게 행사하는 권력임이 밝혀졌다. 위그적 의미의 비판적 기술론은 당대의 열망과 관심을 거스르는 것이었기에 곧 잊혀졌다.

비판적 기술론자들은 1130년에도 오늘날에도 무대 구석에 밀려나 있다는 점에서는 동일하지만, 그 방식은 전혀 다르다. 위그가 전통적인 소박함과 맞닥뜨렸다면, 우리는 베이컨식으로 변형된 소박함과 마주치고 있다. 위그 시대에는 지역마다 괭이와 망치가 다르다는 게 토박이말이나 복장이 다른 것만큼이나 당연하게 여겨졌다. 위그는 당대의 기술 혁신을 보면서, 기계학이 기술을 발전시키거나 기술에 감춰진 지혜를 이해하게 함으로써 인간의 결함에 대해 더 나은 치료제를 제공한다는 이론을 내놓았다. 반면에 오늘날 비판적 기술론자가 맞닥뜨리는 것은 베이컨의 정식화에 뿌리를 둔 또 다른 형태의 소박함이다.

베이컨 역시 신학에 관심이 컸으며 위그 이상으로 설교를 많이 했던 사람이다. 베이컨의 관심사는 "인간이 낙원에서 창조된 처음 상태에서 누리던 주권과 능력을 복원하고 되찾는" 것이었다. 베이컨은 "기술과 과학의 발전은 자연에 통달하는 것"이며, 과학자란 "바로 이런 진리를 통해 자연을 그의 모든 자녀들과 함께 인간 앞에 데려와, 인간에게 봉사하도록 결박하고 인간의 노예로 만들기 위해" 나타난 사람이라고 생각했다. 그는 "자연이란 신이 인간에게 물려준 유산이니 자연에 대한 상속권을 주장할 수 있으며, (…) 또 신은 이 땅의 애로에서 인간을 풀어주겠다고 약속한 바 있다"고 말한다. 또한 베이컨은 "근래의 기계적 발명은 자연의 길을 단순히 안내하는 데 그치는 것이 아니라, 자연을 정복하고 복속시키고 그것을 토대부터 흔들 수 있는 힘을 가진다"고 믿었다.

베이컨은 자연을 형틀에 묶고 실험으로 고문하여 비밀을 실토하게 하자고 제안했다. 1970년대가 되자 베이컨은 회초리 시동[9] 신세가 되었다. 그러나 그의 방식은 한물갔어도 그의 전반적인 낙관론은 고스란히 남았다. 이것을 잘 보여주는 것이 현대의 생태지향적 R&D이다. 이런 시도는 고문을 통해 자연을 지배하기보다는 감언이설을 통해 자연을 구슬리는 대안적 방법을 모색한다. 하지만 새로운 '대안' 과학이라는 것도 본질적으로는 천진난만한 생각에 머물러 있기가 십상이다. 대개는 자신이 아닌 타인을, 나아가 온 인류를 땅의 애로에서 해방하겠다는 시도이며, 다른 사람을 구한다는 명분으로 과학자가 추진하는 기획이기 때문이다. 게다가 새로운 생태지향적 R&D는 더 많은 이들에게 재화와 서비스를 공급하겠다는 노력을 점차적으로 줄여 가고 있다. 그런 노력보다는 사람들이 스스로를 위해 해야 하는 일이 무엇인지 결정하는 데 힘을 쏟고 있다. 스스로를 위해 무엇을 하는 게 가장 좋은지 믿도록 하면서 말이다. 새로운 R&D는 외부의 자연을 통제하려는 시도에서 벗어나 사람들에게 교묘하면서도

---

9 whipping boy. 과거 서양의 궁정에서 왕자의 잘못을 대신해 매를 맞은 소년.

효과적으로 자기 통제를 부여할 수단을 찾는 쪽으로 돌아섰다.

따라서 '민중에 의한 과학'이 비판적 테크놀로지를 기반으로 삼지 않는다면 심각한 난관에 부딪힐 우려가 있다. 당장만 해도 미리 정해놓은 자조법을 사람들에게 주입하려 드는 R&D에 흡수될 위험이 있지 않은가. 이것은 위그의 비판적 기술론이 잊혀지고 그의 저작들이 후대 스콜라철학을 위한 한낱 기초재료가 된 것과도 흡사하다. 민중에 의한 과학 역시 한 단계 발전한 생태지향적 R&D의 학습 교재로 전락할 위험에 지속적으로 처해 있는 것이다. 민중에 의한 과학이 그 임무와 목적에 충실하려면, '인간이란 노동자이자 소비자이며 이들을 **위해** 연구하는 것이야말로 전문가의 임무'라는 생각을 뒤집어야만 한다. 이를 분명히 깨닫지 않으면 타락을 피할 수 없다.

해설과 참고문헌

이 글은 1979~1980년 겨울 학기에 독일 카셀 대학에서 가졌던 열두 차례 강연 중 한 강연을 토대로 쓴 것이다. 강연의 목표는 자급자족 지향적 문화에 대한 진정한 이해를 거의 불가능하게 하는 '현대 사상과 감정의 한계'를 학생들이 예리하게 자각하도록 하는 것이었다. 내가 쓴 방법은 주로 12세기의 두 번째 사반세기에서 고른 중세 문헌을 학생들에게 읽히는 것이었다.

이 글은 그 뒤 전혀 다른 목표—발렌티나 보레만스가 편집한 문헌 목록에 실으려는 목표—로 쓰게 되었다. 목록에는 칼 폴라니, 루이스 멈퍼드, 앙드레 고르 등의 글이 실릴 예정이며 모든 글은 도구에 대한 급진적 비판을 담고 있을 것이다. 부록으로 보레만스가 편집한 「공생의 도구 문헌목록」도 다시 실을 예정이다. 여기에는 민중에 의한 과학(또는 기술)이나 도구와 관련하여 참고할 만한 자료가 450여 건 실려 있다.

생빅토르의 위그와 중세 기계술에 대한 다음의 관련 자료는 내 글의 주장을 뒷받침하기 위한 것이 아니라, 중세사에 대해 일반적 지식을 가진 독자가 내 책에서 인상적인 부분을 읽고서 더 자세히 알고 싶을 때 참고하라고 정리한 것이다.

위그의 전기

J. TAYLOR, *The Origin and Early Life of Hugh of St. Victor: an evaluation of the tradition*, Notre Dame (Indiana) 1957. 70 pp. (*Texts and Studies in the History of Medieval Education* vol.5).

위그의 저작

Opera Omnia. Vol. 1–3. Paris 1854–79 (*Migne, Patrologia Latina* vol. 175–77).
Opera propaedeutic a. Practica geometriae. De grammatica, Epitome Dindimi in philosophiam. ed. by R. BARON, Notre Dame (Indiana) 1966. 247 pp. (University of Notre Dame Publications in Medieval Studies 20). 참고: 167~207쪽에는 『딘디무스의 대화』에 대한 라틴어 비평이, 209~247쪽에는 편집자 주

50개가 실렸다.

Didascalicon de studio legendi. A critical text. ed. by C. H. BUTTIMER, Washington 1939. 160 pp. (The Catholic University Press, *Studies in Medieval and Renaissance Latin* vol. 10.) 영어판에는 사본 평가자료(critical apparatus, 이본異本 문장을 참고로 실은 것)와 후대에 이르기까지 머리말에 부기한 주가 실려 있다: *The Didascalicon of Hugh of St. Victor. A medieval guide to the arts.* J. TAYLOR, New York, London (1961) (Records of civilization, sources and studies)가 라틴어에서 번역하고 머리말과 주를 달았다.

위그의 사상

R. BARON은 1957년 박사논문 이후 생빅토르의 위그를 전혀 새로운 관점에서 조명한 글을 10여 편 발표했다. 위그의 과학과 지혜를 주제로 한 그의 박사논문 *Science et sagesse chez H. de S.V.,* Paris, Lethielleu, 1957(전체 참고문헌 231~263쪽)은 최고의 입문서다. M. GRABMANN, Hugo von St. Victor und Peter Abelard. *Ein Gedenkblatt zum 800 jähr. Todestag zweier Denkergestalten des Mittelalters,* Theologie und Glaube 34 (1942) pp. 241-9.

E. LICCARO, *L'Uomo e la natura nel pensiero di Ugo di S.V.,* in Atti del 3. Congresso internazionale di filosofia medievale, Milano 1966, pp. 305-13. B. Lacroix, *H. de S.V. et les conditions du savoir au moyen age,* An E. Gilson Tribute, Milwaukee 1959 (Marquette University Studies) pp. 118-34.

사전

다음의 두 사전은 처음에 연구 방향을 정할 때 유용하다.

DICTIONNAIRE DE SPIRITUALITE, Beauchesne Paris 1969, art. H. de S.V. by R. BARON
DICTIONNAIRE DE THEOLOGIE CATHOLIQUE, Lethouzey, 1930, art: H. de S.V. by F. VERNET.

위그의 치료제 개념에 담긴 독창성

L. M. DE RIJK, Some Notes on the Twelfth Century Topic of the Three (Four) Human Evils and of Science, Virtue and Techniques as their Remedies, VIVARIUM, Leiden, 5 (1967) pp. 8-15. 이 논문은 알려진 12세기 문헌들을 취합하여 비교한다.

위그의 학문 분류에 담긴 독창성

Bernard BISCHOFF, *Eine verschollene Einteilung der Wissenschaften*, Archives d'Histoire Doctrinale et Littéraire du Moyen Age 25 (1959) pp.5-20. & D. Luigi CALONGHI, La scienza e la classificazione delle scienze in Ugo di S. Vitore. Estratto della dissertazione di Laurea. Pontificium Athenaeum Salesianum. Facultas philosophica. Theses ad Lauream Nr 41, Torino 1956 (1957).

기계술과 중세 사상의 위치에 대하여

주요 논문으로는, Peter STERNAGEL, Die artes mechanicae im Mittelalter: Begriffs- und Bedeutungsgeschichte bis zum Ende des 13. Jahrhunderts. Lassleben, Kallmuetz 1966 (*Münchner Historische Studien*, Abteilung Mittelalterliche Geschichte, Vol.2) 위그에 대해서는 pp. 67-77, 그의 영향에 대해서는 pp. 85-102.

Franco ALESSIO, La filosofia e le artes mechanicae nel secolo 12, in *Studi Medievali* 3rd series v.6 (1965) pp. 71-161.

노역과의 관계에 대하여

M. D. CHENU, *Arts mecaniques et oeuvres serviles*, Revue des sciences philosophiques et theologiques 29 (1940) pp. 313-15.

위그와 기술 교과과정의 역사

WHITE, Lynn Jr. *Medieval Engineering and the Sociology of Knowledge*, Pacific Historical Review 44 (1975) pp. 1-21. 나는 위그가 신비주의적 경험의 분석가인 줄 알고 있었으나, 이 논문을 계기로 기계학에 대한 위그의 가르침을 이해하기 위해 위그의 저작을 읽게 되었다. 이 논문은 내가 아는 화이트의 여느 논문과 마찬가지로 이 주제에 대한 2차 문헌들의 안내서로 손색이 없다. 화이트는 위그 이후로 수세기 동안 대학 교과과정에서 기계학 교육이 진지하게 고려된 적은 전혀 없다고 강조한다. 나는 이 문제의 다른 측면을 강조하고자 했다. 지금껏 기계학은 인간의 약함에 대한 **레메디움**(remedium, 치료제)으로서, 학생이 물리적 현실과 수월하게 대면할 수 있도록 **코모둠**(comodum, 유리함)에 이르는 길로서, 지혜라는 의미에서의 과학에 이르는 **테오리카**로서, 미덕으로 이어지는 **프락티카**로서 고려된 적이 한 번도 없었다.

5장

그림자 노동

분리된 세상, 분리된 노동

이 글의 윤곽을 잡기 시작할 무렵 내 책상 위에는 네이딘 고디머(Nadine Gordimer)의 소설 『버거의 딸』(1979)이 놓여 있었다. 고디머는 보기 드물게 정제된 문체로 우리 시대의 자유주의적 오만이 그녀의 고국인 경찰국가 남아프리카공화국의 현실에서 어떤 의미를 갖는지 적나라하게 보여준다. 소설의 주인공은 어떤 '병'을 앓고 있는데, "자신이 누리는 건강하고 평범한 삶의 조건이 곧 타인의 고통 위에 서 있는 것임을 외면하지 못하는" 병이다. 『미국 문화의 여성화』(*The Feminization of America*)에서 앤 더글러스(Ann Douglas)도 비슷한 지적을 한 바 있다. 더글러스가 보기에 이 병은 감상성의 결핍에서 온 것이다. 산업사회가 파괴하는 가치들을 거꾸로 산업사회가 소중히 여긴다고 강변하는 감상성 말이다. 산업사회의 이 위선에는 필적할 상대가 없다. 감상성이 결핍된 사람은 아파르트헤이트(분리)를 깨닫게 된다. 이 아파르트헤이트는 지금 우리가 겪고 있는 것이거나, 혁명 이후에도 나타날 수 있는 것이리라.

이 글에서 나는 왜 산업사회에는 이런 아파르트헤이트가 불가피한지, 다시 말해서 희소성의 가정 위에 세워진 이 사회는 왜 성별이나 피부색, 자격이나 인종, 당파성에 근거한 아파르트헤이트 없이는 존립할 수 없는지, 그 이유를 찾아보고자 한다. 이제껏 연구된 적이 없는 형태의 아파르트헤이트에 대해 구체적인 접근을 하려면, 먼저 산업적 생산양식에 내재된 노동의 근본적 분기(分岐)에 대해 이야기할 필요가 있다.

내가 주제로 택한 것은 산업 경제의 가려진 측면, 더 구체적으로는 노동의 그림자 측면이다. 나는 지금 저임금 노동이나 실업이 아니라 '무급 노동'을 말하고 있는 것이다. 산업 경제의 고유한 특징인 무급 노동이야말로 내가 말하려는 주제다. 과거 대다수 사회에서는 남녀 할 것 없이 무급 활동을 통해 가족의 생계를 유지하고 개선해 왔다. 필요한 것이 생기면 그 대부분을 가족 스스로 만들곤 했다. 하지만 이러한 자급자족 활동은 지금 내가 다루려는 주제가 아니다. 내 관심은 이와는 전혀 다른 무급 노동에 있다. 산업사회가 재화와 서비스를 생산하는 데 있어서 필수적인 보완물로 요구하는 무급 노동이 그것이다. 이러한 무급의 봉사는 자급자족에 기여하지 않는다. 임금 노동이 그렇듯이 오히려 자급자족을 파괴할 뿐이다. 나는 임금 노동의 이런 보완물을 '그림자 노동'이라 부른다. 그림자 노동의 예로는 여자들이 집에서 하는 대부분의 가사 노동, 장보기, 학생들의 벼락치기 시험공부, 직장 통근 등이 있다. 이밖에도 어쩔 수 없는 소비로 인한 스트레스, 의사의 지겨운 지시를 고분고분 따르기, 관에 대한 순종, 강요된 일을 하기 위한 준비, 그리고 '가정생활'이라는 이름으로 부르는 수많은 활동들이 포함된다.

그림자 노동은, 전통 문화에서는 임금 노동만큼이나 주변적이며 확인하기가 어렵지만, 산업사회에서는 관행으로 여길 만큼 흔한 일이다. 하지만 완곡어법 때문에 뚜렷한 형체를 잡기가 어렵다. 강력한 금기가 그것들을 하나의 통일된 실체로 보지 못하도록 만들고 있는 것이다. 그림자 노동의 필요성과 범위, 형태를 결정하는 것은 산업 생산이다. 그러나 이런 사실은 산업시대의 이데올로기에 의해 감춰져 있다. 이 이데올로기에 따르면, 경제를 위한다는 명분으로 사람들에게 강요되는 모든 활동—주로 사회적 수단을 통해 강요된다—은 노동이라기보다는 필요 충족 행위로 간주된다.

그림자 노동의 성격을 파악하려면 두 가지 점에서 혼동을 피해야 한다. 첫째, 그림자 노동은 자급자족 활동이 아니라는 점이다. 그림자 노동은 사회적 자급자족이 아니라 공식 경제에 기여한다. 둘째, 그림자 노동은 저임금 노동이 아니라는 점이다. 무급의 그림자 노동은 임금 노동의 전제 조건이다. 나는 그림자 노동을 임금 노동과 구별하는 만큼이나 자급자족 노동과도 구별해야 한다고 주장한다. 노동조합주의자나 마르크스주의자, 그리고 일부 여성주의자가 아무리 거세게 반대할지라도 말이다. 나는 그림자 노동을 노예제나 임금 노동만이 아니라 강제 노동과도 다른, 특이한 형태의 예속이라는 관점에서 살펴보고자 한다.

임금 노동을 하려면 그 일에 지원을 하거나 자격을 인정받아야 하지만, 그림자 노동은 나면서부터 정해지거나 부여되는 것이다. 임금 노동을 하려면 발탁되어야 하지만, 그림자 노동은 배정받는 것이다. 그림자 노동에 들어가는 시간, 노고, 수모에 대해서는 대가가 지급되지 않는다. 그럼에도 그림자 노동은 이런 무보수의 자기 규율성 때문에 경제가 성장하면 할수록 임금 노동보다 더 중요성을 띠게 된다.

선진 산업경제에서 이런 무보수 노동은 경제 성장에 대한 기여에도 불구하고, 사회적으로 가장 만연해 있으면서도 가장 문제시되지 않는 억압적 차별의 중심을 이루고 있다. 그림자 노동은 이름도 없고 연구되지도 않은 채로 모든 산업사회에서 대다수 사람을 차별하는 주된 영역이 되었다. 더는 간과할 수 없는 문제다. 오늘날 한 사람에게 부과되는 그림자 노동의 양은 차별을 판단하는 데 있어 직업상의 불평등보다 훨씬 더 정확한 기준을 제공한다. 나아가 생산성 향상에 따른 실업의 확대로 인해 더 많은 사람을 그림자 노동에 편입시켜야 할 필요성도 나날이 커지고 있다. '여가의 시대', '자조의 시대', '서비스 경제' 등은 커져가는 이 유령을 에둘러 표현하는 말들이다. 그림자 노동의 성격을 온전히 이해하기 위하여 나는 임금 노동과 나란히 발전해온 그림자 노동의 역사를 추적해보고자 한다.

중세의 임금 노동

'노동'(work)과 '직업'(job)은 현대의 핵심 단어들이다. 그러나 300년 전에는 지금처럼 중요한 단어들이 아니었다. 이 단어들은 오늘날에도 여전히 유럽어에서 다른 언어로 번역하기가 어렵다. 쓸모 있다고 간주되는 활동을 통틀어 한 단어로 일컫는 경우는 다른 대다수 언어에는 존재하지 않기 때문이다. 언어에 따라서는 대가를 받고 하는 활동을 일컫는 단어가 있기도 하지만, 이 경우에도 대개는 뇌물 수뢰나 공여, 세금, 고리대금 따위를 뜻한다. 하지만 이 가운데 어떤 단어도 우리가 말하는 '노동'을 의미하지는 않는다.

지난 30년 동안 인도네시아 언어개발부에서는 생산적인 직업 활동을 일컫는 대여섯 개의 단어를 **버커르자**(bekerdja)라는 단어 하나로 통일하려고 했다. 수카르노는 인도네시아 노동계급의 형성을 위해서는 용어 하나로 의미를 대표하는 것이 필요하다고 생각했다. 여기에 맞춰 언어 정책 입안자들은 언론인과 노조지도자들에게서 일부 동의를 받아내기도 했다. 하지만 사람들은 자기가 하는 일이 유급인지 무급인지와는 무관하게, 즐거운가, 비참한가, 고된가, 관료적인 의무인가에 따라 여전히 나름의 용어를 쓰고 있다. 라틴아메리카 대부분의 지역에서는 고용주가 말하는 **트라바호**(trabajo)[1]를 이해하는 것보다 그냥 돈 받고 시키는 일을 하는 쪽이 더 쉽다고 여긴다. 멕시코에서 대다수 하층 실업자를 일컫는 **데셈플레아도**(desempleado)는 여전히 경제학에서 말하는 '실업자'가 아니라 두둑한 수입원이 있어서 취업하지 않고 빈둥거리는 사람을 뜻한다.

고전기 그리스인이나 훗날의 로마인에게 손으로 하는 일, 그 가운데서도 명령을 받고 하거나 거래에서 이득을 보려고 하는 일은 하층민이나 노예에게 더 어울리는 천한 일이었다. 반면 기독교인들은 이론상으로나마 노동을 각자가 부여받은 소명의 일부로 보았다. 선교사 바울은 "일하지 않는 자는 먹지도 말라"는 유대교의 노동 윤리를 초기 기독교에 도입하려 했다. 하지만 이런 초기 기독교의 이상은 실제로는 꽤나 철저하게 억압받았다. 서구의 수도원에서 수사들은 짧은 개혁기를 제외하고는 '오라 에트 라보라'(ora et labora, 기도하고 일하라)라는 성 베네딕트의 가르침을 전혀 다른 뜻으로, 즉 평신도가 열심히 일하는지 감독하고 기도로써 신이 맡긴 일을 하라는 뜻으로 해석했다. 그리스인에게도 중세인에게도 오늘날의 노동이나 직업과 비슷한 용어는 없었다.

오늘날의 '일'을 대표하는 임금 노동은 중세 내내 비참함을 나타내는 상징이었다. 그것은 다른 세 가지 형태의 일과도 뚜렷이

---

1 에스파냐어에서 '일', '일자리', '일터'를 두루 뜻하는 단어.

구별되었다. 즉 화폐 경제 바깥의 영역에서 대다수 가정이 영위하는 생계 활동, 신발을 만들거나 이발을 하거나 돌을 깎는 등의 수공 행위, 남이 베풀어주는 것으로 연명하는 구걸 행위 등과도 구별되었다. 원칙상 중세 사회는 구성원으로 인정된 모든 사람에게 자리를 마련해주었다. 실업과 궁핍은 구조적으로 차단되어 있었다. 가정을 가진 사람이 이따금 임금 노동을 하는 경우 말고 본격적인 의미로 임금 노동에 종사하는 사람은 과부나 고아처럼 오갈 데 없는 사람, 따라서 공동체의 공적인 부조가 필요한 사람으로 간주되었다.

1330년 9월 피렌체의 한 부유한 옷감 상인이 극빈층에게 나눠줄 재산을 남기고 세상을 떠난 일이 있었다. 재산 관리를 위임받은 길드는 피상속인 1만 7천 명을 선발하여 한밤중에 교회에 수용했다. 피상속인들은 한 사람씩 나오면서 자신의 몫을 받았다. 이 '극빈층'은 어떻게 선정되었을까? 그 과정은 원(原) 산업시대의 피렌체에서 활동했던 이 길드, 오르산미켈레(Or San Michele)가 기록한 구제 문서를 보면 알 수 있다. 문서에 따르면 극빈층의 범주로는 고아, 과부, 천재지변을 당한 사람, 임금 노동만을 해서 먹고사는 가장, 집세를 내고 사는 사람 등이 있었다. '가난'이 경제적 조건을 의미하기보다 가치 있는 태도를 주로 의미하던 시대에, 임금 노동으로 생계를 온전히 해결해야 한다는 것은 완전한 무능력의 징표였다. 극빈자란 **디베스**(dives, 부자)의 반대말이 아니라 **포텐스**(potens, 능력자)의 반대말이었다. 12세기 후반에 이르기까지 가난이라는 용어는 주로 덧없는 사물들에 대해 거리를 두는 태도를 의미했다. 먹고살 방법이 임금 노동밖에 없다는 말은 곧 몰락했거나 이탈했다는 뜻이었다. 임금 노동자는 절름발이, 유배자, 순례자, 미치광이, 탁발승, 떠돌이, 노숙자 등과 함께 중세의 거대한 빈민층에 포함될 만큼 가엾은 존재로 여겨졌다. 임금 노동에 의존해 산다는 것은 자신이 봉사할 수 있는 가정이 없다는 뜻이었다. 구걸할 권리는 어엿이 규정되어 있는 사항이었지만 일할 권리는 결코 그렇지 않았다.

구걸할 권리에 대해 좀 더 알아보기 위해 피렌체의 사례보다 거의 500년 전에 있었던 베로나의 레테리우스의 설교를 인용해 보자. 834년에 한 이 설교에는 거지의 권리와 의무에 대한 도덕적 훈계가 담겨 있다.

> 자신의 약함을 불평하지 말고 하느님께 감사하라. 불평하지 말고 자신을 먹여 살리는 사람들을 위해 기도하라. 거기 앉아 있는 그대여. 그대는 건강한데도 자식이 많다고 불평한다. 그렇다면 아내와 합의하에 잠자리를 피하며 자신과 가족을 먹여 살리기 위해 몸소 일하라. 그대는 그럴 수 없다고 말한다. 그렇다면 자신의 약함을 큰소리로 고하라. 이것이 그대가 짊어질 짐이다. 필요한 것만을 구걸하되 여분을 남기지는 말도록 하라. (…) 아픈 자를 벗하고 죽어가는 자를 돕고 죽은 자를 씻기라.

여기서 라테리우스가 이야기하는 구걸의 권리는 천 년간 한 번도 문제시된 적이 없었다.

오늘날에도 세계 대다수 사람들은 여전히 임금 노동을 혐오하고 있는 듯이 보인다. 하지만 경제적 개념이 일상어를 지배하고 있는 터라 사람들에게는 이런 감정을 직접적으로 표현할 어휘가 부족하다. 23세의 멕시코 청년이 내게 보낸 편지를 보면, 임금 노동에 전적으로 의존하고 있는 사람들에 대한 당혹감이 여실히 드러나 있다. 미겔은 아버지를 일찍 여의었는데 홀어머니가 시장 바닥에 페타테(petate, 멍석)를 깔고 앉아 직접 기른 무를 팔면서 네 자녀를 키웠다. 집에는 아이들 말고도 외간 사람들이 늘 먹고 자곤 했다. 미겔은 자기 동네에서 초등학교 교사를 하다 독일에 돌아간 뮐러 씨의 초청으로 독일에 가게 되었다. 뮐러 씨는 낡은 집 한 채를 5년에 걸쳐 개조하여 손님방을 지었다고 한다. 미겔이 초청에 응한 이유는 라이카 회사로부터 사진 예술을 배우고 싶어서였다. 미겔은 전통 길쌈 기법을 사진으로 남기고 싶었다.

어렸을 때 학교 교육에 별로 짓눌리지 않은 터라 미겔은 금세 독일어를 배웠다. 하지만 사람들을 이해하는 데는 어려움을 겪었다. 독일에서 6개월을 지낸 뒤에 보낸 편지에서 그는 이렇게 썼다. "세뇨르 뮐러는 품행이 **토도 운 세뇨르**(todo un señor, 신사) 같습니다. 하지만 대부분의 독일 사람들은 졸부 같습니다. 아무도 남을 돕지 못합니다. 아무도 남을 집에 맞아들이지 못합니다."

나는 미겔의 이 말이 지난 천 년간의 상황과 태도를 잘 보여준다고 생각한다. 임금 노동으로 먹고사는 사람은 삶의 토대가 되는 가정이 없고, 자급자족을 영위할 수단을 빼앗겼으며, 배고픈 사람을 도와줄 엄두를 내지 못한다. 미겔에게 임금 노동은 아직 거울 속 세상[2]에 붙들린 상태가 아니었다.

임금 노동이 승리를 거두기까지

하지만 17~19세기를 거치면서 유럽과 서양의 대다수 사람들에게 임금 노동은 거울 속 세상으로 들어간 것이 되어버렸다. 임금은 궁핍의 증거가 아니라 쓸모의 증거로 여겨지기에 이르렀다. 임금을 지불하는 자들은 임금을 자급자족의 보완물이 아니라 자연스런 생계 수단으로 여겼다. 사람들이 임금에 의존할 수밖에 없게 된 것은 일종의 점진적 인클로저로 인해 자급자족의 수단으로부터 배제되었기 때문이다. 이 과정이 어떻게 시작되었는지 보여주는 사건이 하나 있다. 프랑스 혁명을 12년 앞둔 1777년 프랑스 북서부의 아카데미 드 샬롱쉬르마른에서는 '만연한 구걸을 없애되 왕과 빈민에게 두루 이롭도록 하려면 어떻게 해야 하

2 루이스 캐롤의 소설 『이상한 나라의 앨리스』의 속편격인 『*Through the Looking Glass*』에서 빌린 표현. '거울'은 모든 것이 뒤죽박죽 거꾸로 된 세상을 의미한다.

는가?'라는 주제로 논문을 현상 공모한 적이 있다. 이 기획은 인클로저와 원(原) 산업 및 부르주아 가치가 지배하는 시대가 되면서 구걸이 증가했음을 방증한다. 또한 빈곤에 대해 새로운 경제학적 의미가 부여되었음을 나타낸다. 빈곤은 이제 능력의 반대말이 아니라 부유함의 반대말을 뜻하게 되었다. 당선작의 첫 문장에는 논문 주제가 이렇게 요약되어 있다. "수세기 동안 사람들이 찾아 헤매던 현자의 돌을 우리가 발견했다. 그것은 노동이다. 임금 노동은 가난뱅이를 부유하게 하는 자연적 원천이다."

논문의 저자는 학식 있는 사람, 즉 성직자였음이 틀림없다. 아마도 명예직에 앉아 있으면서 성직록이나 이런저런 기부금으로 먹고살았을 것이다. 그는 임금 노동의 놀라운 변형 작용을 자신의 정신노동에는 결코 적용하지 않았을 것이고, 상류층 거지로서의 권리도 포기하지 않았을 것이다. 요즘으로 치면 그는, 자신이 정당하게 생활비를 벌고 사회적으로도 생산적인 일을 하는 화이트컬러 노동자라고 믿는 교수일 것이다. 하지만 어느 경우든 이렇게 말할 수 있다. 18세기 이후로 노동의 가치, 긍지, 즐거움 운운하는 자들이 말하는 노동은 늘 남의 노동이었다고.

또한 앞의 글은 헤르메스 전통이나 연금술 사상이 사회 이론에 대해서도 영향을 미쳤음을 알게 해준다. 노동은 현자의 돌이자 만능의 약으로, 다시 말해서 닿기만 하면 무엇이든 금으로 바꾸는 마법의 영약으로 표현되고 있다. 자연은 변환의 힘을 가진 노동과 접촉함으로써 값진 재화와 용역으로 바뀐다. 노동에 대한 이런 관념이야말로 애덤 스미스와 리카도로부터 밀과 마르크스에 이르는 고전경제학자들의 기본 명제였다(물론 자본과 자원이 가치 형성에 기여한다는 점도 인정했지만 말이다). 18세기 말엽의 연금술적 언어는 마르크스에 의해 당시 유행하던 언어인 화학의 언어로 대체되었다. 가치에 대한 헤르메스주의적 인식은 오늘날까지도 사회윤리학의 기본 성격을 이룬다. 반면 경제학에서 노동가치설은 처음에는 효용이론에 자리를 내주었고, 다음으로는 후기 케인스학파의 사상에 자리를 내주더니, 마지막으로는 완전한 혼란에 자리를 내주고 말았다. 이런 혼란상은 "경제학자들은 세계의 본질적 특징을 포착하지 못하거나 엉터리로 표현하는 용어들로 세계를 이해한다"[3]는 오늘날의 통찰을 낳기도 했다. 즉, 경제학자가 노동을 이해하는 방식은 연금술사가 금을 이해하는 방식과 다를 바 없다는 것이다.

1777년 논문 공모 당선작에서 또 하나 눈에 띄는 점은 그 시기다. 프랑스에서 빈민에게 유용 노동을 강요하는 정책이 참신한 발상으로 여겨진 것은 다소 늦은 시기였다. 18세기 중반까지만 해도 프랑스 구빈원은 강제 노동을 범죄에 대한 처벌로 여기는 중세 기독교적 관점에 따라 운영되고 있었다. 반면, 유럽 신

3 미국의 경제사학자 로버트 하일브로너(Robert Heibroner)의 말.

교국가들과 일찌감치 산업화된 이탈리아 일부 도시에서는 이미 한 세기 전에 이런 견해가 폐기되었다. 이 사실은 네덜란드 칼뱅주의 구빈원과 북독일 지역 구빈원의 선구적 정책과 시설에서 똑똑히 드러난다. 이 구빈원들은 게으름을 치료하고 일할 의지를 키우려는 목적으로 설치되었다. 쓸모없는 거지를 쓸모 있는 노동자로 탈바꿈시키는 곳으로 설계되고 건축되었던 것이다. 중세의 구호기관을 거꾸로 뒤집은 격이었다. 이들 구빈원은 경찰이 거지를 잡아오면 며칠간 밥을 굶기고 정교한 계획에 따라 매일 매질을 함으로써 치료에 고분고분 따르도록 준비시켰다. 그 다음에는 수용자가 쓸모 있는 노동자로 변모했다는 진단이 나올 때까지 답차(踏車)를 밟게 하거나 줄질을 하도록 시켰다. 심지어 집중 치료를 실시하기도 했다. 노동을 거부하는 수용자를 물이 계속 차오르는 구덩이에 처넣었던 것이다. 빠져 죽지 않으려면 그는 하루 종일 미친 듯이 물을 퍼내야 했다. 교육학적 접근법으로 보나 자기 개조를 위한 훈련 방법으로 보나, 이 시설들은 의무교육의 진정한 전신(前身)이었다.

암스테르담 구빈원이 설립된 지 겨우 17년이 지난 1612년에 한 운영위원이 스무 남짓한 건의 기적적인 치료 사례를 농담 비슷하게 발표한 적이 있다. 보고서에는 성공적으로 치료받은(교육받은) 환자들이 게으름에서 벗어났음을 인정하며 감사하는 글이 실려 있다. 설령 수용자들의 글이 사실이라 해도 이것이 대중적 정서를 반영했을 리는 만무하다. 18세기의 극빈층–지금도 '빈민'이라는 꼬리표가 붙곤 하는 계층–은 자신들에게 노동자적 품성을 부여하려는 어떤 시도에도 격렬히 저항했기 때문이다. 경찰이 누군가를 '거지'로 분류하려 하거나, 정부가 선량한 빈민을 보호한다는 명목으로 그들의 사회적 무용(無用)을 치료하려 들 때마다, 그들에게 피난처를 제공하고 지켜준 것은 극빈층이었다.

아무리 가혹한 정부도 그들을 끌어내지 못했다. 군중은 정부의 통제권 바깥에 있었다. 1747년에 프로이센 내무장관은 구빈경찰을 방해하는 자는 누구든 중형에 처하겠다고 으름장을 놓았다.

> 구걸을 중단시키려고 경찰이 주야로 길거리를 순찰하지만, 병사나 평민, 군중은 거지가 체포되어 구빈원으로 끌려가는 광경을 목격하면 득달같이 몰려들어 경찰을 폭행하여 때로는 중상을 입히고 거지를 풀어준다. 구빈경찰이 거리를 순찰하는 것은 거의 불가능해졌다.

그로부터 30년 간 비슷한 포고령이 일곱 차례나 공포되었다.

18세기를 지나 19세기가 되도록 경제학적 연금술 계획은 아래로부터 아무런 반향도 이끌어내지 못했다. 평민들은 폭동으로 응수하곤 했다. 곡물 가격을 공정하게 매기라고, 타 지역으로 곡물을 수출하지 말라고, 채무자를 잡아가지 말라고 폭동을 일으켰다. 그들은 법률이 자신들의 전통인 '자연적 정의'를 침해하는 듯이 보일 때마다 방어 심리를 발동시켰다. 원(原) 산업시대의 이 평민 군중은 E. P. 톰슨이 말한 '도덕 경제'의 수호자였다. 이들은 도덕 경제의 사회적 토대를 겨냥한 공격에 대항하여, 목초지의 인클로저에 대항하여, 이제는 거지에 대한 인클로저에 대항하여 폭동을 일으켰다. 이러한 폭동에서 군중을 이끈 것은 대체로 여성이었다. 그런데 이처럼 자급자족 권리를 지키려고 폭동을 일으키던 원 산업시대의 군중이, 임금의 '권리'를 지키려고 파업을 벌이는 노동자로 바뀐 것은 어찌된 영문일까? 구빈법과 구빈원이 실패한 일을 성공적으로 해낸 사회적 장치는 무엇이었을까? 노동을 생산적 노동과 비생산적 노동으로 나누는 경제학적 구분이야말로 그것을 가능케 한 수단이었다. 그리고 그 최초 형태는 여성을 집안에 가두는(인클로저) 조치였다.

성별의 경제적 구분, 경제적 개념으로서의 가족, 가정과 공공영역 간의 대립 같은 전례 없는 현상들로 인해 임금 노동은 삶의 필수요소가 되었다. 이 모든 과정을 완수할 수 있었던 비결은 노동하는 남성을 가사일하는 여성의 일대일 관리자로 임명하고, 이런 후견자 임무를 기꺼이 받아들여야 할 의무로 만든 데 있었다. 양과 거지에 대한 인클로저가 실패한 지점에서 여성에 대한 인클로저는 성공을 거두었다.

여성에게 부여된 운명

자급자족을 위한 투쟁이 왜 그토록 갑작스럽게 사라졌는지, 이 사실이 왜 눈에 띄지 않았는지 이해하려면 그림자 노동과 함께 등장한 이론에 대해 눈여겨보아야 한다. 과학적으로 그 본성이 밝혀졌듯이 여성은 원래 그림자 노동을 하도록 만들어진 존재라는 이론이다. 이에 따라 남성은 노동계급에 주어진 소명을 마음껏 누리도록 권장된 반면, 여성은 사회의 자궁—24시간 일하는, 걸어 다니는 자궁—으로 은밀하게 다시 정의되었다. 여성의 육체와 정신에 내재된 진정한 본성을 밝혀내겠다며 철학자와 의사가 손잡고 나섰다. 이렇듯 여성 '본성'에 대해 새로운 관념이 만들어짐에 따라 여자들은 가정 안에서 활동해야 할 운명을 부여받게 되었고, 가족의 생계에 대한 실질적 기여를 깡그리 무시당하는 한편 임금 노동에서도 철저히 배제되었다. 실제로 노동가치설은 남성의 노동을 금의 촉매로 둔갑시켰고, 집안일의 지위를 낮추어 경제적으로 의존적이고 비생산적인—전에는 전혀 그렇지 않았던—여성에게 전담시켰다. 여성은 이제 남성의 어여쁜 소유물이자 충실한 지원자가 되었으며, 자원 봉사할 보금자리를 필요로 하는 존재가 되었다.

자급자족을 상대로 한 부르주아 전쟁에서 군중의 지지를 얻어내려면, 걸핏하면 폭동이나 일으키는 평민 군중을 경제적으로 구분된 남성과 여성의 건전한 노동자 계급으로 바꾸는 수밖에 없었다. 이 계급의 구성원인 남성은 고용주의 음모에 가담한 공범이기도 했다. 고용주와 노동자는 경제를 성장시키고 자급자족을 억압한다는 점에서 이해관계가 일치했다. 자급자족을 상대로 한 전쟁에서 자본과 노동은 근본적으로 동맹 관계에 있었지만, 이런 관계는 계급투쟁이라는 제의를 통해 은폐되었다. 이와 동시에 가장으로서의 남성은 자신의 임금에 대한 가족의 의존도가 점점 더 커짐에 따라, 자신이 사회의 정당한 노동을 모두 책임지고 있으며 비생산적인 여성으로부터 끊임없이 착취당하고 있다고 생각하기에 이르렀다. 산업 노동의 상호보완적 형태인 임금 노동과 그림자 노동은 이렇게 하여 가족 안에서 가족을 통해 하나로 섞이게 되었다. 남성과 여성은 자급자족 활동으로부터 사실상 소외된 채 고용주의 이익과 자본의 투자활동에 상대방이 착취되도록 돕는 발판이 되고 말았다. 잉여수익 역시 이른바 '생산수단'에만 투자되던 데서 벗어나, 그림자 노동 자체를 더욱 자본집약적인 것으로 만드는 데 이용되기 시작했다. 주택, 창고, 주방에 대한 투자는 가정에서 자급자족이 사라지고 그림자 노동의 독점이 커지고 있다는 증거이다. 하지만 이 그림자 노동은 끊임없이 신비화되어 왔고, 이런 신비화는 오늘날에도 여전히 진행 중이다.

첫 번째 신비화는 생물학이라는 가면을 쓰고 있다. 여성이 맡은 양육과 가사의 역할은 남성에게 있어 '직업'이라는 수렵 행위를 할 수 있는 보편적이고도 필수적인 조건이라는 것이다. 이 같은 가설을 정당화하기 위해 네 가지 근대 학문이 동원된다. 첫째, 동물행동학자들은 유인원 암컷이 가정주부처럼 보금자리를 돌보는 동안 수컷은 숲을 헤치며 사냥을 한다는 식의 설명을 제시한다. 유인원에게 가정의 역할을 투사함으로써, 보금자리 지키기는 여성 고유의 성적 역할이며 희소한 자원을 찾는 진짜 일은 남성의 임무라는 추론을 이끌어내는 것이다. 이렇게 하여 힘센 사냥꾼이라는 신화는 모든 문화에서 볼 수 있는 상수(常數)이자, 고등 포유류의 생물학적 특질에서 비롯된 영장류의 행동 원리로 정의된다. 둘째로, 인류학자들은 원시부족에게서 자기 부모의 흔적을 재발견하고 천막과 오두막과 동굴에서 자기가 사는 아파트의 특징을 찾아내려는 유혹을 뿌리치지 못한다. 이들은 수많은 문화를 찾아다니며 여성에 대한 증거, 즉 여성은 신체적으로 불리한 존재이므로 사냥보다는 땅 파는 데 적합하며 가정을 돌보는 게 낫다는 증거를 수집한다. 셋째로, 탈코트 파슨스 같은 사회학자들은 자신들이 발견했다고 믿는 현대 가족의 기능에서 출발하여, 이런 가족 내 성역할을 근거로 여타의 사회 구조들을 설명하려 든다. 마지막으로, 사회생물학자들은 좌와 우를 막론하고 여성의 행동이 남성에 적응하는 방향으로 진화했다는 계몽주의적 신화를 현대적으로 포장한다.

이 학문들은 문화마다 고유하게 갖고 있는 젠더 각각의 성 역할과, 19세기 노동 이데올로기로 인한 근대 경제만의 성 분화를 기본적으로 혼동한다는 공통점이 있다. 이러한 성별 간의 아파르트헤이트, 즉 남성은 기본적으로 생산자이며 여성은 기본적으로 사적-가정적이라는 관념은 이전에는 볼 수 없었던 19세기 이데올로기일 뿐이다. 성 역할을 경제적으로 구분하는 것은 자급자족의 조건에서는 생각할 수조차 없는 일이었다. 하지만 점점 커지고 있는 생산과 소비 사이의 간극을 정당화하기 위해서는 신화화된 전통을 이용하는 것이 필요했다. **여성이 하는 일을 노동이 아닌 것**(non-work)**으로 규정하는 것**이 바로 그것이다.

그림자 노동을 숨기는 두 번째 가면은 그림자 노동을 '사회적 재생산'과 뒤섞어버리는 것이다. '사회적 재생산'이라는 용어는, 마르크스주의자들이 그들의 노동 이데올로기에는 맞지 않지만 누군가가 해야만 하는 자질구레한 활동들-이를테면 임금 노동을 위해 가정을 지키는 것-을 지칭하기 위해 만들어낸 부적절한 범주에 지나지 않는다. 이 용어는 대부분의 사회에서 대부분의 사람들이 대부분의 시간을 들여서 하는 일, 곧 자급자족 활동에까지 경솔하게 적용되곤 한다. 심지어 이 용어는, 19세기 말엽까지만 해도 여전히 비생산적인 임금 노동으로 간주되던 교사나 사회사업 종사자의 일을 가리키는 데까지 쓰이곤 한다. 이제 사회적 재생산은 오늘날 가정에서 이뤄지는 대부분의 활동을 포괄하는 이름이 되었다. 이 이름표로 인해 자급자족 경제에 기본적이고도 필수적인 역할을 해온 여성 활동과, 산업 노동의 재생산에 무보수로 징발되는 여성 노동의 차이를 이해하는 것은 불가능해졌다. **비생산적인 여성은 재생산이라는 임무를 줘서 달랜다**는 속임수가 통하게 된 것이다.

그림자 노동의 정체를 감추는 세 번째 장치는 화폐 시장 바깥에서 이뤄지는 온갖 행동에까지 그림자 가격을 매기는 것이다. 이렇게 하여 모든 무급 활동은 '비공식 부문'이라는 이름 아래 묶이게 된다. 과거의 경제학자들은 상품 소비란 곧 욕구의 충족을 의미한다는 결론을 미리 정해놓고서 그 위에 자기들의 이론을 세웠지만, 신진 경제학자들은 한술 더 떠서 인간이 결정을 내린다는 것 자체가 필요 충족에 대한 선호를 가지고 있다는 증거라고 주장한다. 이들은 범죄, 여가, 학습, 다산(多産), 차별, 투표 행위에 대해서까지도 경제 모델을 만들어낸다. 결혼 역시 예외가 아니다. 이를테면 게리 S. 베커는 성(性) 시장이 균형을 이룬다는 가정에서 출발하여 결혼이란 '배우자간에 산출물을 분배하는 행위'라는 공식을 도출한 바 있다. 또 어떤 경제학자는 가정주부가 냉동식품을 고르고 데우고 차리는 무급 활동을 통해 부가가치를 얼마나 창출하고 있는지 계산하기도 한다. 이런 생각을 연장하다 보면 급기야는 임금 노동자가 전업주부로 전향하는 것이 더 낫다든지, 여성이 집에서 무보수로 하는 일이야말로 자본을 축적하는 행위라는 주장까지도 가능해진다. 밀턴 프리드먼의 제자들이 주장한 것이 바로 이것이었다. 즉 **성(性)이야말로 여성 활동의 경제학을 이해하는 틀을 제공해준다**는 것이다.

그림자 노동을 가리는 네 번째 가면은 가사 노동에 대한 대다수 여성주의자들의 글에서 찾아볼 수 있다. 여성주의자들은 가사 노동이 고되다는 사실을 안다. 그렇기에 보수가 없다는 사실에 격분한다. 나아가 그들 중 일부는 여성 노동이 '비생산적'이기는 하지만, "자본의 원시적 축적이라는 미스터리"를 설명할 수 있는 주요 원천이라고 믿기까지 한다. (이 미스터리는 전지전능한 마르크스도 쩔쩔맨 문제였는데 말이다.) 이들은 마르크스주의라는 안경에 여성주의라는 색을 입힌다. 그리고 가정주부를 임금을 벌어들이는 가장과 결혼시킨다. 여성이 가장 선망하는 대상은 가장이 달고 있는 남근이 아니라 그가 버는 임금이라고 하면서 말이다. 이들은 프랑스 혁명 이후로 여성의 본성이 남성의 본성과 더불어 다시금 정의되었다는 사실을 알아차리지 못하는 듯하다. 그런 까닭에 19세기에 계급의 적들이 성장을 위해 꾸민 음모에 대해서도, 그리고 성의 경제적 평등을 둘러싸고 벌어진 20세기의 전쟁이 각 가정으로 그 음모를 증폭시켜 날랐다는 사실에 대해서도 까맣게 모른다. 가정에서 진짜 바지를 입은 사람이 누구인가보다는 사회가 갈라놓은 추상적 성 역할이 가내 전투의 중심 문제가 된 것이다. 물론 이들의 여성 중심적 시각 덕분에 무급 노동에 대한 사회적 저평가가 직업상의 성 차별과 더불어 공론화된 것도 사실이다. 하지만 이들은 운동에 너무 깊이 헌신한 나머지 정작 중요한 문제는 놓칠 수밖에 없었다. 오늘날 여성이 불구의 처지가 된 것은 경제적인 면에서 보수를 받지 못하기 때문만이 아니라, 자급자족의 측면에서도 무익한 노동을 강요받고 있기 때문이라는 사실 말이다.

여성 노동을 보는 새로운 눈

하지만 최근 들어 여성 노동을 연구하고 있는 일부 신진 역사학자들은 전통적 범주와 접근법을 뛰어넘어 통찰을 넓히고 있다. 이들은 선배들이 물려준 전문가적 안경을 통해 이 주제를 들여다보기보다는 차라리 '허리 아래 숨은 곳'에서부터 문제를 보려고 한다. 이들의 연구 대상은 분만, 수유, 청소, 매춘, 강간, 더러운 빨랫감과 욕지거리, 모성애, 아동기, 낙태, 폐경 등이다. 이들은 산부인과 의사, 건축가, 약사, 역사학회 회장이 어떻게 이 잡동사니 보물상자에 손을 뻗쳐 증상을 조작하고 새로운 치료법을 팔아먹었는가를 폭로해왔다. 어떤 연구자는 새로 형성된 빈민가에 사는 제3세계 여성의 가정생활을 파헤쳐서 이를 **캄포**[4]나 **캄풍**[5]에서의

4 campo. '시골'을 뜻하는 스페인어.
5 campung. '촌락'을 뜻하는 말레이어.

삶과 대비해보고 있다. 또 어떤 연구자는 지역공동체, 보건소, 정당 등이 여성을 겨냥해서 만든 '사랑의 봉사'의 본질에 대해서 탐구한다.

이들 혁신적 개척자들은 산업사회의 그늘지고 지저분한 밑바닥을 들여다봄으로써 지금까지 감춰져온 억압을 폭로하고 해부하기를 주저치 않는다. 이들이 내놓는 연구 결과는 기존의 '-이즘'이나 '-올로지'에 끼워 맞출 수 없다. 이들은 산업화의 영향을 위에서 내려다보지 않기에, 이들이 발견하는 사실 역시 경영자들이 떠벌이는 성취나 노동자들이 느끼는 열패감, 또는 이데올로그들이 들이대는 허황된 신조와 뚜렷이 다르다. 이들은 종족인류학자가 중앙아프리카의 아잔데족을 관찰하거나 중세 프로방스 마을 사제의 삶을 재구성하는 등의 훈련을 통해 숙달한 눈과는 다른 눈으로 세상을 본다. 이러한 탈관습적인 연구 방식은 학계와 정계의 오래된 이중 금기—그림자 노동이 산업 노동의 샴쌍둥이임을 감추려는 금기와, 이런 사실을 설명할 새 용어를 탐색하지 못하게 하는 금기—를 한꺼번에 무너뜨리고 있다.

사회과학계의 여권 운동가들은 여성의 권리가 인클로저로 인해 부당하게 가로막혔다는 데 집착하는 반면, 여성의 일상에 친숙한 역사가들은 가사 노동이 **수이 게네리스** 즉 그것만의 고유성을 가진다는 사실을 간과하고 있다. 이들은 새로운 그림자 생존 방식이 1780년부터 1860년 사이에 각국에서 저마다 다른 리듬을 타고 전파되었음을 탐지한다. 이들은 새로운 생활양식이 간혹 정교하게 치장되기도 했지만, 그렇다고 해서 그 좌절감이 덜했던 것은 아님을 지적한다. 나아가 이런 **수이 게네리스** 노동이 임금 노동과 함께 어떤 과정을 통해 유럽 바깥으로 수출되었는지에 대해서도 설명을 제시한다. 또한 이들은 여성이 노동 시장에서 이류 노동력으로 취급받으면서 여성의 무급 노동 역시 중대한 변화를 겪게 되었음을 간파하고 있다. 여성을 재봉사, 타자수, 전화교환원 등 이류 임금 노동자로 조직한 것과 나란히, 종래의 지위가 박탈된 가정주부라는 새로운 존재도 등장했다는 것이다.

가사 노동의 이러한 변형은 미국에서 특히 뚜렷이 나타났다. 변형 과정이 매우 급작스러웠던 탓이다. 1810년까지만 해도 뉴잉글랜드 지방의 일반적인 생산 단위는 여전히 농촌 가정이었다. 음식 가공과 저장, 양초와 비누 제조, 길쌈, 제화, 퀼팅, 양탄자 짜기, 소형 가축 기르기, 텃밭 농사 등이 모두 가정 안에서 이루어졌다. 생산물을 내다 팔아 현금 소득을 얻기도 하고 가족 구성원이 이따금씩 품삯을 받아 가외 소득을 올리기도 했지만, 미국 가정은 거의 전적으로 자급자족에 의해 유지되었다. 화폐를 주고받을 때조차 사고파는 행위의 바탕은 물물교환이었다. 가정의 자급자족을 유지하는 데 여성도 남성 못지않게 적극적으로 참여했다. 남성이나 여성이나 집에 가져오는 수입은 비슷했다. **경제적으로** 여성은 여전히 남성의 동반자였던 것이다. 돈줄을 쥔 것도 대체로 여성이었다. 게다가 19세기 들어갈 무렵만 해도 여성은 국가적으로 식량을 생산하고 의복과 도구를 만드는 일에 적극적으로 참여하고 있었다. 1810년 미국에서 생산된 양모 천 25미터 중 24미터가 가정에서 짠 것이었다.

하지만 1830년이 되자 상황이 달라졌다. 상업적 영농이 자급농을 대체하기 시작했고, 생활 임금을 버는 일이 상례가 되었으며, 부정기적 임금 노동은 빈곤의 징표로 인식되기 시작했다. 여성은 가족의 생계를 책임진 가정의 안주인에서, 자녀가 일하러 가기 전에 머무는 장소, 또는 남편이 휴식을 취하고 수입을 지출하는 장소의 관리인으로 전락했다. 앤 더글러스는 여성의 이러한 변형을 '지위 박탈'(disestablisment)이라고 불렀다. 사실 이 용어는 그 시대 성직자들의 소망과 불안을 뚜렷이 암시하는 말이기도 하다. 당시의 성직자가 종교 영역에 엄격하게 격리되었듯이, 여성들 역시 여성이 더 잘하는 영역이 있다는 감언이설 하에 자신에게 맞는 영역에 붙어있으라는 아첨과 으름장을 들어야 했다. 경제적 평등을 상실함과 동시에 여성은 투표권을 비롯한 많은 법적 권리도 상실했다. 전통적인 상거래에서 내쫓겼고, 아기 받는 일도 남성 산부인과 의사에게 빼앗겼으며, 울타리 쳐진 새로운 직무에 종사하게 되었다. 여성의 경제적 지위 박탈은 사회가 이제 가정 밖에서 이루어진 임금 노동의 생산물을 통해 가정

내 기본적 필요를 충족시켜주게 되었음을 말해준다. 자급자족을 박탈당하고 노동 시장의 주변부로 밀려난 가정주부는 강제적 소비 조직의 일원으로서의 지겨운 임무만을 부여받게 되었다. 강제적 소비가 남성과 아동의 일반화된 생활 방식이 된 것은 1980년대부터인 반면, 여성은 이미 1850년대부터 이런 생활 방식에 익숙해 있었다.

여성의 감수성과 심리를 연구하는 새로운 역사학자들은 겉보기에는 여성 노동에만 천착하는 것처럼 보인다. 하지만 이들이 내놓은 연구 결과는, 훈련받은 역사가가 자급자족에 대한 전쟁에서 패배한 자의 입장에서 쓴 보고서로는 최초의 것이다. 이들은 경제라는 탐조등의 사각지대에서 이루어져 온 '노동'의 역사에 대해 서술한다. 이들 스스로가 그런 노동을 강요받고 있는 사람들 중 하나이기 때문이다. 물론 이런 그림자 노동은 어머니나 아내들이 의무적으로 하는 활동보다 훨씬 중대한 의미를 지닌다. 이 그림자 노동은 언제나 진보와 함께 자라나고 경제 영역의 발전과 함께 확산되기에, 남성과 여성을 막론하고 모두의 삶에 어둠을 드리운다. 아마도 가정주부는 이런 그림자 존재 양식의 영원한 상징일 것이다. 작업복 차림의 남성이 컴퓨터 시대에도 여전히 '산업 노동자'의 상징으로 남았듯이 말이다. 하지만 이런 산업적 존재 양식의 절반을 여성 노동으로 만들어버린 것은 또 다른 신비화라고 할 수 있을 것이다. 이것이야말로 다섯 번째

이자 마지막 신비화이다. 이 신비화는 경제적 통제를 위해 발명된 성을 가지고 여성 본연의 인격을 영원히 더럽히려는 시도이다. 이런 이유로 나는 '그림자 노동'이야말로 근대의 가사 노동으로 대표되는 사회 현상을 가장 잘 가리키는 용어라고 주장한다. 아무 의미 없이 그저 일하기 위해 직업을 유지하는 사람이나 그조차 갖지 못하는 실업자가 늘어나는 현실을 보건대, 그림자 노동은 후기 산업사회 들어 유급 직업보다 훨씬 더 흔해지고 있음이 분명하다. 20세기 말이 되면 생산 노동자가 오히려 예외가 될지도 모르겠다.

그림자 노동은 어떻게 우리를 지배하는가

그림자 노동과 임금 노동은 함께 등장한 것들이다. 양자 모두 인간을 소외시킨다는 공통점이 있지만 그 방식에서는 큰 차이가 있다. 그림자 노동의 굴레가 처음 씌워진 것은 주로 양성 간의 경제적 결합을 통해서였다. 임금 노동자와 그에게 의존하는 식구로 구성된 19세기 부르주아 가족이 자급자족 중심의 가정을 대체하면서부터였다. 말하자면, **페미나 도메스티카**(집안 여성)와 **비르 라보란스**(일하는 남성)가 서로 손을 잡고 **호모 에코노미쿠스**의 특징인 무능력한 상호의존적 예속에 묶이게 된 것이다. 그러나 이렇듯 조잡한 그림자 노동 모델로는 경제 팽창에 대한 요구를 만족시킬 수 없었다. 전문가와 관료의 권력이 잘 길들인 고객에게서 오듯, 자본가의 이익 역시 강제적인 소비를 늘리는 데서 오기 때문이다. 자본가와 관료 모두 임금 노동보다는 그림자 노동에서 더 많은 이익을 얻는다. 성으로 결합된 가족은 이들에게 그림자 노동의 예속을 강화할 수 있는 청사진을 마련해 주었다. 더 복잡하고 더 교묘하게 인간을 불능화하는 형태로 말이다. 오늘날 이런 예속은 본질적으로 진단의 권한을 가진 사회적 대리인들을 통해 행사되고 있다.

'진단'(diagnosis)은 말 그대로 '쪼개어'(dia) '안다'(gnosis)는 의미, 즉 식별한다는 것을 뜻한다. 오늘날 이 용어는 전문가가 우리를 고객으로 정의하는 행위를 일컫는다. 어떤 전문가 집단이 자기네 서비스의 필요성을 입증하기만 한다면, 그에 상응하는 그림자 노동을 고객에게 부과하는 것 또한 얼마든지 정당화된다. 의료인과 교육자는 이렇듯 사람들을 불능화하는 전문 직업의 대표적 예다. 이들은 자기들의 서비스를 소비하는 데 필요한 그림자 노동을 고객에게 떠안기고는, 직접적이든 세금을 통해서든 고객에게서 대가를 지급받는다. 돌봄을 생산하는 근대의 전문가들은 이런 식으로, 노동으로 결합된 근대 가족의 유형을 한 단계 더 진전시켰다. 오늘날 '돌봄 관련' 직종에 몸담은 사람들은 19세기 여성이 가정에서 아무런 보수도 없이 강제적으로 했던 바로 그 지겨운 일들을 임금 노동을 통해 생산하고 있다. 전문가가 감독하는 그림자 노동을 새로 찾아내는 일이야말로 사회의 주요 사업거리가 되었다. 이런 그림자 노동을 창안하는 일로 보수를 받는 사람들이 바로 오늘날의 엘리트들이다. 그러나 가사 노동이 그림자 노동에서 가장 눈에 띄는 말단이듯이 가정주부를 대상으로 한 부인과적 공학은 진단이 사회 전반적으로 행해지고 있음을 감추는 가장 노골적인 덮개에 불과하다. 이를테면, 교육 체제에서 낙오자를 정의하기 위해 만든 16단계의 등급은 사회의 대다수 하위 집단에게 그림자 노동의 부담을 불균등하게 많이 부과한다. 게다가 이런 일은 성 차별이나 인종 차별보다 훨씬 교묘하게 이루어진다.

역사학에서 그림자 노동의 발견은 한 세대 전에 민중 문화나 농민을 역사학의 대상으로 새로 발견한 것 못지않게 중요한 일이다. 그리하여 칼 폴라니와 프랑스의 위대한 **아날학파**는 빈민과 이들의 생활 방식, 감수성, 세계관에 대한 연구를 개척했다. 이들은 약자와 무학자의 자급자족 양식을 처음으로 역사 연구 영역에 포함시켰다. 산업화의 영향 아래 놓인 여성에 대한 연구는 역사학에서 또 다른 전인미답의 영역에 발을 내딛는 일이 될 것이다. 산업사회에 대한 연구가 희소성, 욕구, 성, 노동 등에 대한 은폐된 가정에 근거하고 있는 한, 산업 사회 특유의 생활 형태는 여전히 미지의 영역으로 남을 테니까 말이다. 자급자족적 민중 문화의 영역과도 다르고 정치적이고 사회적인 경제 영역과도 다른 이 그림자 영역이 발견되면, 앙드레 고르가 '새 프롤레타리아 계급'이라고 부른 존재가 역사학의 대상이 될 것이다. 역사가들은 여성을 남성과 대립시킴으로써 최초로 여성의 지위를 박탈한 진단 과정이 이를 통해 모든 사람의 지위를 다양한 방식으로 박탈했음을 알아차릴 수 있을 것이다. 이런 관점에서 보면 산업 시대의 역사는 전혀 새로운 종류의 역사, 즉 차별의 역사가 된다.

민중 문화와 토박이 가치를 상대로 한 이 '내전'이 성공할 수 있었던 것은, 이미 자급자족을 빼앗긴 사람들이 한 걸음 나아가 자신들을 서로 다른 영역에 가두고 분리시키는 인클로저를 받아들였기 때문이다. 가정주부의 창조는 이 유례없는 성적 아파르트헤이트의 증거다. 하지만 이는 또한 여성의 욕망이 남성에 대한 모방으로만 존재할 수밖에 없게 된 사정을 보여주기도 한다.[6] 이 구분선을 놓고 여성과 남성을 가르는 전통적 경계선의 연장(延長)인 양 간주하려는 시도는, 산업적 노동을 사람들이 늘 해오던 일의 연장으로 간주하는 것만큼이나 헛된 짓이다. 두 시도는 똑같은 신비화에 기여할 뿐이다. 양자는 이제껏 연구되지 않은 우리 시대의 삶을 계속 감추려는 금기에 대해 보호막을 친다. 여성의 현 상황을 현대판 '푸르다'[7]로 해석해야 한다고 우기는 사람들은 변죽만 울리고 있는 셈이다. 마찬가지로 남아프리카공

6 '모방적 욕망' 또는 '선망'에 대해서는 이 장 말미에 실은 저자의 주 '희소성의 역사'와 '모방적 욕망' 단락을 참고.

화국에서 흑인을 '홈랜드'라는 이름의 흑인 거주지에 격리한 정책을 두고 피부색에 대한 전통적 편견에 바탕을 둔 근대적 재정착 제도로 여기는 것은, 인종 경계선의 의미를 전혀 파악하지 못하는 생각이다. 또한 옛 소련의 강제노동 수용소의 수감자를 그저 노예로 여기는 사람은, 히틀러 같은 자만이 생각해낼 법한 구호, 즉 아우슈비츠 수용소 입구에 커다랗게 걸려 있었던 "노동이 너희를 자유케 하리라"(Arbeit macht frei)는 구호의 속뜻을 모르는 사람이다. 그는 수용소에서 행해진 유대인의 무급 노동이 유대인의 멸종을 위해 마땅히 해야 할 의무로 부과되는 사회를 결코 이해하지 못할 것이다.

근대적 인클로저 즉 '아파르트헤이트'는 그저 잔혹하거나 모멸적인 것만이 아니다. 여기에는 늘 악마적인 측면이 있다. 사람들을 자멸의 길로 동원할 수 있도록 짜인 사회 조직은 산문으로는 제대로 나타낼 수가 없다. 그 의미를 이해하려면 파울 첼란의 시 「죽음의 푸가」(Todesfuge)에 귀 기울여야 한다. "우리는 공중에 무덤 하나를 판다. (…) 너희들은 구름 속에 무덤을 가지게 될 것이다. 몸을 누이기에 비좁지 않은 무덤을." 아파르트헤이트가 더 교묘하게 자행될수록 시야는 흐려져서 그 속에 늘 내재되어 있는 **미스테리움 이니퀴타티스**(mysterium iniquitatis, 차별의 신비)를

---

7 purdah. 이슬람이나 힌두 사회에서 여성을 보호한다는 명목으로 히잡을 씌우거나 집안에 있도록 격리하는 관습.

볼 수 없게 된다. 어제는 독일의 파시즘이, 오늘은 남아프리카공화국의 파시즘이 이를 똑똑히 보여주고 있다.

산업사회는 피해자를 그냥 내버려두지 않는다. 19세기를 거치며 이루어진 인클로저와 지위 박탈로 인해 여성은 큰 상처를 입게 되었다. 그러니 불가피하게 사회 전반에 대해 혼탁한 영향을 미치지 않을 수 없었다. 따라서 여성은 사회에 감상적인 연민의 대상이 되었다. 하지만 손을 더럽히는 일은 억압받는 피해자의 몫이 되기 마련이다. 우리 사회는 '돌봄'이라는 미명 하에 피해자 스스로 억압의 조력자가 되게끔 강요한다. 도와주고 구제하고 해방시켜야 마땅한 사람들에게 고작 감성적 연민을 품을 때 이 사회는 평범한 행복을 느낀다. 이것이 바로 네이딘 고디머가 내게 해준 이야기다. 이 이야기는 물론 여성에 대한 것도, 학생에 대한 것도, 환자나 수감자에 대한 것도 아니요, 흑인에 대한 것이었다. 고디머는 "경찰의 횡포에 이골이 난 사람들이 이를 접하지 못한 사람 앞에서 짐짓 쓰는 상투어"로 내게 이야기해준다. 이것은 소설 주인공인 버거의 딸에게 부여한 성격이다. 주인공은 평범한 행복을 전혀 느끼지 못한다. 병에 걸렸기 때문이다. 주인공의 병명은 오늘날 평범한 행복의 토대가 되는 감상성의 결핍이다.

앤 더글러스는 미국인이지만 이 감상성을 정확하게 설명하고 있다. 이 감상주의는 산업사회에서 이데올로기와 종교의 토대를 이루는 복잡한 현상이다. 이 감상주의는 산업사회의 활동이 부정하는 가치를 오히려 산업사회가 소중히 여기고 있다고 강변한다. 오늘날 자급자족에 부여된 가치야말로 성장이 계속되기 위해서라도 지켜야 할 가치라는 것이다. 이 자급자족이야말로 경제 성장으로 인해 필연적으로 파괴되고 있는 가치인데도 말이다. 이 감상주의는 자급자족을 공식 경제의 그림자로 변형한다. 감상주의는 자급자족에 대한 향수를 주물럭거림으로써 생산과 소비의 대립에 내재되어 있는 아파르트헤이트를 가리는 데 성공한다. 향수가 열망하는 이 '자급자족'이야말로 토박이 영역과는 정반대되는 그림자 경제임이 분명한데도 말이다. 여성, 환자, 흑인, 문맹자, 저개발국인, 중독자, 약자, 프롤레타리아 같은 아파르트헤이트의 피해자를 감상적으로 찬양하는 것은 이미 자신을 굴복시킨 권력에 짐짓 장엄하게 저항하는 척하는 일일 뿐이다. 이런 감상주의는 속임수에 지나지 않는다. 자급자족에 필요한 환경을 스스로 파괴한 사회에서는 자급자족의 대체물을 찾을 방법이 없기 때문이다. 이런 사회는 돌봄이 필요한 사람들을 끊임없이 새로 진단하는 것에 의존해서만 지탱할 수 있다. 이런 가부장적 속임수는 억압받는 자들의 대표들로 하여금 끊임없이 새로운 억압을 위한 권력을 추구하도록 하는 원동력이기도 하다.

해설과 참고문헌

「그림자 노동」은 본래 강연 원고였다. 그런데 사람들이 이 글을 연구의 입문용 자료로 쓰기 시작했다. 이들의 요청에 따라 내가 참고한 문헌 목록과 추가적 논평을 여기에 공개한다. 강연에서 전개한 논의 순서에 따라 소제목 아래에 논평을 달았다.

희소성의 역사

경제학은 늘 희소성을 전제로 삼는다. 희소하지 않은 것은 경제적 통제의 테두리 안에 들어올 이유가 없다. 재화와 용역뿐 아니라 노동도 마찬가지다. 희소성의 가정은 모든 근대적 제도에 스며들어 있다. 교육의 토대는 귀한 지식이 희소하다는 가정이다. 마찬가지로 의학은 건강의 희소성을, 운송은 시간의 희소성을, 노동조합은 노동의 희소성을 가정한다. 근대의 가족 자체가 생산 활동이 희소하다는 가정을 토대로 삼는다. 근대의 가족을 다른 시대의 가족과 구분하는 것은 핵가족 구조나 부부 중심의 구조가 아니라 이 희소성의 가정이다. 귀한 것과 희소한 것의 동일시는 우리의 생각과 감정, 그리고 현실 자체에 대한 인식에 깊은 영향을 미쳤다. 다른 사회에서는 희소성을 '적절하게 정의된 몇 가지 가치'—이를테면 춘궁기나 전쟁 통에 먹을 식량, 경작할 수 있는 땅, 후추, 노예 등—의 특징으로 여겼지만, 이제는 대중적 관심사인 모든 가치에 희소성을 결부시키고 있다. 우리는 희소성에 속속들이 물든 탓에 GNP가 커질수록 희소성이 커진다는 역설을 깨닫지 못한다. 우리가 당연하게 여기는 이러한 종류의 희소성은 상품집약적 사회 바깥에서는 예나 지금이나 전혀 낯선 개념이다. 하지만 이러한 의미를 가진 희소성의 역사는 아직 서술되지 않았다.

폴 뒤무셸(Paul Dumouchel)과 장피에르 뒤퓌(Jean-Pierre Dupuy)의 논문을 묶은 『물건의 지옥(*L'enfer des choses*)』(1979)은 희소성의 역사를 기술하기 위한 중요한 진일보였다. 두 저자는 르네 지라르(René Girard)에게서 영감을 받은 통찰을 출발점으로 삼는다. 프랑스 사람인 지라르는 1961년에 19세기의 위대한 소설가들이 사회학자가 늘 놓치던 사실을 발견했음을 밝혀냈다. 이 소설가들은 인간의 욕망과 선망이 근본적으로 변형된 현실을 묘사한다. 이 변형의 단초는 이미 세르반테스의 『돈키호테』에서 찾아볼 수 있지만 도스토옙스키의 시대에 이르러 널리 퍼지기 시작한다. 지라르에 따르면 이 부르주아 소설가들은, 이전의 문학에서는 욕망의 직접적 대상이 있었으나 19세기 들어서 삼각형의 '모방적 욕망'이 등장했음을 알아차렸다.

이들 위대한 소설가들의 주인공이 사는 사회에서는, 자신이 선망하는 타인이 가지고 있거나 바라는 것 이외의 것을 욕망하는 것이 거의 불가능하다. 주인공들은 이런 방식으로 자신의 욕망을 추구하면서 선망을 미덕으로 둔갑시킨다. 본보기를 모방하면서 그 행위가 자신을 본보기와 구별시켜 줄 것이라고 믿는다. 지라르의 영향을 받은 두 저자 뒤무셸과 뒤퓌는 모방적 욕망과 더불어 전례 없는 희소성을 부추기는 제도적 편제야말로 근대 제도들의 고유한 특징이라고 말한다. 뒤무셸과 뒤퓌는 마르크스, 프로이트, 레비스트로스를 이용하여 도스토옙스키를 탈신화화하고 있는 것이 아니다. 오히려 그들이 탈신화하고 있는 대상은 이들 거장 정치경제학자, 정신분석가, 구조주의자들이다. 저마다 다른 방식으로 역사적 희소성에서부터 자기 이론을 끄집어내고 있는 거장들 말이다. 이런 작업을 통해 그들은 모방적 욕망에 의해 규정되는 희소성이 기정사실인 것처럼 통용되고 있는 현실, 그리고 이것이 상품집약적 경제학 체계 전체의 바탕을 이루고 있음을 폭로하고 있는 것이다.

'모방적 욕망—선망의 근대화'에 대한 참고 문헌

이 주제는 다음 책에서 언급되고 있다. GIRARD, René, *Mensonge romantique et vérité romanesque*, Paris: Grasset, 1961. (영어 편집판. *Deceit, Desire and the Novel: Self and Other in Literary Structure.* Yvonne Freccero 옮김, Johns Hopkins, 1976). 한국어판은 김치수 옮김, 『낭만적 거짓과 소설적 진실』(한길사, 2001). 이보다 나중에 발표된 책인 GIRARD, René, *La violence et le sacré,* Paris: Grasset, 1972(영어판, *Violence and the Sacred.* Transl. by Patrick Gregory, Johns Hopkins, 1977/한국어판, 김진식 외 옮김, 『폭력과 성스러움』, 민음사, 2000)는 DUMOUCHEL, Paul and DUPUY, Jean-Pierre, *L'enfer des choses,* Paris: Seuil, 1979를 이해하기 위해서 꼭 읽어야 할 책이다. 독자에 따라서는 뒤무

셸이 쓴 두 번째 논문을 먼저 읽은 뒤에 뒤퓌가 쓴 첫 번째 논문을 읽는 것이 수월할 것이다. 뒤퓌는 FOSTER, George M., 'The Anatomy of Envy: A Study in Symbolic Behavior', *Current Anthropology*, Vol. 13, no. 2, April 1972, pp. 165–202에 대한 논평으로 논의를 시작한다. 이 논문에는 훌륭한 참고 문헌과, 발표 전에 논문을 읽은 사회학자 30명의 짧은 논평이 실려 있다.

고전고대에 선망이 인식된 역사에 대해서는 RANULF, Svend, *The Jealousy of the Gods and Criminal Law in Athens*, transl. Annie J. Fausböll, 2 vols. Copenhagen: Levin and Munksgaard, 1933–34 참고. 응보를 부르는 교만(hybris)에 대해서는 GRENE, David, *Greek Political Theory: The Image of Man in Thucydides and Plato*, Chicago: Univ. of Chicago Press, Phoenix Books, 1965(원제는 *Man in His Pride*), 그리고 DODDS, E. R., *The Greeks and the Irrational, Berkeley*: Univ. of California Press, 1951, 특히 2장 참고. 중세의 선망 이해에 대한 연구 방향을 정하려면 RANWEZ, Edouard, 'Envie', *Dictionnaire de Spriritualité*, cols. 774–85; VINCENT-CASSY, Mireille, *Quelques réflexions sur l'envie et la jalousie en France au XIV° siècle*, MOLLAT, Etudes, II, pp. 487–504; LITTLE, Lester, 'Pride goes Before Avarice: Social Change and the Vices in Latin Christendom', The American Historical Review, no. 76, 1971, pp. 16–49 참고.

표준 영어에서 16세기부터 18세기까지 '연장'(the tool, 남근—옥스퍼드 영어 사전 참고)이라 부른 것에 대한 여성의 타고난 선망을 프로이트가 처음으로 상정한 뒤로 선망에 대한 논의는 정신 분석의 영역으로 넘어갔다. KLEIN, Melanie, Envy and Gratitude, Delacorte Press, 1975, 특히 pp. 176–235. 또한 다음을 참고. SCHOECK, Helmut, *A Theory of Social Behavior*, New York: Harcourt, Brace & World, 1970. 원서: *Der Neid und die Gesellschaft*, Freiburg: Herder, 4th ed. 1974.

중세의 선망을 이해하려면 그와 반대되는 것을 이해해야 할 것이다. GAUTHIER, R. A., *Magmanimité: L'idéal de la grandeur dans la philosophie païenne et dans la théologie chrétienne*, Paris: Vrin, 1951는 고전기의 관대함

에서 기독교의 관대함으로의 이행을 상세하게 연구한다. 또한 LADNER, Gerhard, 'Greatness in Medieval History', *The Catholic Historical Review*, Vol. L, no. 1, April 1964, pp. 1–26 참고. MCCAWLEY, J. D., 'Verbs of Bitching', HOCKNEY, D. ed., *Contemporary Research in Philosophical Logic and Linguistic Semantics*, pp. 313–32은 현대 언어에서 선망의 역사에 대한 의미론적 연구를 해보고 싶은 생각을 내게 불러일으켰다.

상품집약적 경제 대 자급자족 '경제들'에 대한 참고문헌

'상품집약적 경제'라는 용어는 LEISS, William, *The Limits to Satisfaction, London*: Boyars, 1978에서 차용했다. 영국판 머리말에서 저자는 같은 주제를 각기 다른 방식으로 다루고 있는 다섯 건의 최근 문헌과 비교하여 자신의 입장을 정의한다. "(...) Robert Heilbroner, *Business Civilisation in Decline*; Stuart Ewen, *Captains of Consciousness: Advertising and the Social Roots of the Consumer Culture*; Tibor Scitovsky, *The Joyless Economy: An Inquiry into Human Satisfaction and Consumer Dissatisfaction*; Fred Hirsch, *Social Limits to Growth*; Marshall Sahlins, *Culture and Practical Reason*." LEISS, William, *The Domination of Nature*, New York: Braziller, 1972은 기본적 문헌이다.

산업사회의 특징인 '뽑혀 나온 경제'(disembedded economy)의 역사적 이질성에 대해 논의해보고자 한다면 POLANYI, Karl, *The Great Transformation*, Boston: Beacon, 1957 및 *Trade and Markets in the Early Empires*, New York: Free Press, 1957 참고. SMELSER, Neil J., 'A Comparative View of Exchange Systems', *Economic Development and Cultural Change*, 7, 1959, pp. 173–82는 오래되기는 했지만, 폴라니가 미친 영향에 대한 여전히 훌륭한 입문서다. 폴라니와 반대로 HUMPHREYS, S. C., 'History, Economics and Anthropology: The Work of Karl Polanyi', *History and Theory*, Vol. 8, pp. 165–212에서는 희소한 수단에 대한 지배야말로 한 사회의 경제를 다른 사회의 경제와 비교해서 정의함에 있어 필수적 요소를 이룬다고 주장한다. *Annales, Economies, Sociétés, Civilisations*, no. 6, Nov.-Dec. 1974 특별호에서는 폴라니에 대해 평가를 시도한다. 폴라니에 대한 이해를 프랑스 마르크스주의와 결합하려는 꼴사나운

시도에 대해서는 MEILLASSOUX, C., 'Essai d'interprétation du phénomène économique dans les sociétés traditionelles d'auto-subsistence', *Cahiers d'Etudes Africaines*, Vol. 1, no. 4, pp. 38-67 참고.

DUMONT, Louis, *Homo Equalis*, Paris: Gallimard, 1977(영어판은 *From Mandeville to Marx: Genesis and Triumph of Economic Ideology*, Chicago: Chicago Univ. Press, 1977)은 인간 욕망의 변형과 나란히 일어난 인간 본성의 이데올로기적 재정의와 관련하여 내가 좋아하는 지침서다. 덧붙여 MACPHERSON, C. B., *The Political Theory of Possessive Individualism*, London: Oxford Univ. Press, 1962; *Democratic Theory, Oxford*: Clarendon Press, 1973 참고. 공리주의에 대해서는 HALEVY, Elie, *The Growth of Philosophic Radicalism*, Clifton: Kelley Publ. 1972 (프랑스어에서 번역 및 축약) 참고.

내가 겪은 중요한 어려움 중 하나는 화폐화되지 않은 사회의 현실을 묘사할 때마다 대부분의 공식 경제학 용어에 한정과 단서를 달아야 했다는 것이다. 인류학에서 공식 경제학의 개념을 적용한 사례는 DALTON, G., 'Theoretical Issues in Economic Anthropology', *Current Anthropology*, Vol. 10, no. 7, pp. 63-102, 1969에서 찾아볼 수 있다. 현대 사회의 비공식 부문에까지 경제적 분석을 확장하는 신진 경제학자들에 대한 비판적 평가에 대해서는 뒤뀌가 근간에서 다룰 것이다. 나의 주 관심사는 바로체족이 기근 때문에 겪은 식량 부족과 신경이 과민한 가정주부의 시간 부족을 경제적 용어—이를테면 '희소성'—로 묘사할 때 달아야 하는 단서가 다르다는 것이다.

실업을 바라보는 새로운 관점

완전 고용을 목표로 삼는 사회에서는 무급 노동을 하는 대다수 사람들을 '실업자'로 분류하지 않는다. "빅토리아 시대 초기 개혁가들은 실업을 일컫을 용어가 없었기에(G. M. YOUNG, *Victorian England*) 그들이 펼친 어떤 사상의 범위에도 실업 개념이 들어설 수 없었다"는 것과 "E. P. 톰슨이 *Making of the English Working Class*(한국어판은 나종일 외 옮김, 『영국 노동계급의 형성』, 창작과비평사, 2000)에서 주장하듯, (빅토리아 시대 사람들이 그 용어를 회피함으로써) 대중적 정서에 대한 이해의 결여를 보여주었다"는 점에 대해서는 WILLIAMS, Raymond, *Keywords: A Vocabulary of Culture and Society*, New York: Oxford Univ. Press, 1976, pp. 273-5를 참고.

또한 GARRATY, John A., *Unemployment in History: Economic Thought and Public Policy*, New York: Harper & Row, 1978 참고. 저자는 머리말에서 이렇게 말한다. "실업의 보편적 역사를 기술한 사람은 이제껏 아무도 없다. (…) 나는 이 책을 '실업의 역사'가 아니라 '역사 속의 실업'이라고 부른다. (…) 이 책은 실업이 일어난 이유를 설명하려는 것이 아니라 유사 이래 저마다 다른 사회에서 일이 없는 상태를 어떻게 인식하고 취급했는가를 설명하고자 한다." 이 책은 근대적 개념을 역사 연구에 동원하는 것이 헛수고임을 보여주는 예다.

가정의 역사에 대하여

나는 현대 일상어에서 '가사 노동'이라고 부르는 활동과, 산업사회가 아닌 곳에서 '집'이라는 틀 안에서 벌어지는 활동을 근본적으로 구별해서 이해해야 한다고 주장한다. 집에 대한 인도·유럽어족의 공통적 태도에 대해서는 BENVENISTE, Emile, *Le vocabulaire des institutions indo-européennes*, Vol. 1, Paris: Ed. de Minuit, 1969, p. 295ff 참고. (한국어판은 김현권 옮김, 『인도·유럽 사회의 제도 · 문화 어휘연구』, 아르케, 1999.) 옛 유럽의 자급자족 환경에서 집의 위치가 어떠했는가에 대한 종합적이고 명쾌한 소개는 다음을 참고. BRUNNER, Otto, 'Das ganze Haus und die altereuropäische Oekonomie', BRUNNER, Otto, *Neue Wege zur Verfassungs und Sozialgeschichte*, Göttingen, 1968. FLANDRIN, Jean-Louis, *Familles: parenté, maison, sexualité dans l'ancienne société*, Paris: Hachette, 1976. 한편, RYKWERT, Joseph, *On Adam's House in Paradise*, New York: Museum of Modern Art, 1972와 RYKWERT, Joseph, *The Idea of a Town: The Anthropology of Urban Form in Rome, Italy and the Ancient World*, Princeton Univ. Press, 1976은 근대 건축의 이론적 배경을 소개한다. 또한 ELIAS, Norbert, *Die höfische Gesellschaft*, Darmstadt: Luchterhand, 1977 참고. 이 글들을 읽고 나니, 현대 사회에서 건강이 '의료화'된 것처럼 공

간에 대한 인식도 전문화되었다는 생각이 들었다. 근대 공간은 건축가가 의료, 교육, 경제 분야에 종사하는 동료들의 용도에 맞게 인식하는 대로 인간을 위해 배열된다.

이 장을 쓰게 된 계기에 대하여

나는 *Medical Nemesis*(한국판의 예전 제목은 『병원이 병을 만든다』)를 탈고한 뒤에 그 책의 핵심 장들(즉 Marion Boyars, London 1974년판의 초고와 *Némésis médicale*, Seuil 1975년판 3장, 결정판인 *Medical Nemesis*, Pantheon, New York, 1976년판과 동시 출간된 *Limits to Medicine*, Boyars판 6장)을 자세히 설명해야겠다고 마음먹었다. 나는 J. P. 뒤피의 지도를 받으며 경제 분석의 역사에 대한 문헌을 읽기 시작했다. 나는 상품집약적 사회에서 경제학자들이 '비공식 부문'으로 제쳐둔 측면에 점차 매혹되었다. 경제의 탐조등이 이 측면을 기다란 그림자에 가려버린다는 사실이 흥미로웠다. 나는 이 그림자 거래의 공통된 특징을 '그림자 경제'라 부르기 시작했다. 이 그림자 경제는 공식 경제상의 거래뿐만 아니라 사회에 '묻혀있는'(embedded) 자급자족 활동과도 구별되는 그것만의 특징을 현상학적으로 보여준다. 학생, 컴퓨터, 환자를 10년 가까이 연구한 끝에 이들은 그림자 경제의 행위자로서, 길들여진 좌절의 협조자로서, 속속들이 서로 닮은 행위를 보여준다는 사실을 발견했다. 이 문제를 설명하기 위해 쓴 것이 바로 **교습되는 모어**에 대한 논문이다. 이와 관련해서는 『계간 공진화』(*Co-Evolution Quarterly*) 참고. 그 후 나는 후속 연구의 방향을 잡아줄 논문 두 편을 찾아냈는데, 저자에 따르면 둘 다 '초고'에 불과하다고 한다. WERLHOF, Claudia von, *Frauenarbeit: Der blinde Fleck in der Kritik der politischen Oekonomie*, Bielefeld 1978. (영어판은 *Women's Work: The Blindspot in the Critique of Political Economy.*) 두 판 다 빌레펠트 대학 사회학부(사서함 Postfach 8640, 4800 Bielefeld 1)에서 구할 수 있다. BOCK, G. und DUDEN, B., 'Zur Entstehung der Hausarbeit im Kapitalismus', *Frauen und Wissenschaft*, Berlin: Courage Verlag, July 1977, pp. 118-99에는 인클로저 당한 여성의 전형적인 활동에 대하여 1975년까지 나온 무척 흥미로운 참고 문헌들이 실려 있다. 두 논문을 연구하면서 근대 가정주부로 대표되는 활동이 산업사회 바깥에서는 전혀 대응물이 없고, 이 활동이 산업사회의 존속에 근본적인 요소이며, 현대 임금 노동이 등장한 것은 이 새로운 종류의 활동이 그와 동시에 체계화된 덕임을 확신하게 되었다. 따라서 근대 경제의 가정 영역에서 여성이 하는 일이 (내가 연구하던) 학생, 환자, 통근자, 그 밖의 포획된 소비자가 행하는 활동의 원형임을 발견했다.

여성의 가사 노동에서 두 가지 뚜렷한 지위 하락의 표현이 드러나기 시작했다. 하나는 여성의 전례 없는 지위 하락이고, 다른 하나는 노동—여성이나 남성 또는 (아동이나 환자 같은) 중간자가 행하는 노동—의 전례 없는 지위 하락이었다. 산업 시대 고유의 현상인 여성의 지위 하락이 지닌 중요성을 온전히 이해하려면 우선 '노동'과 '그림자 노동'의 분기를 명확하게 규명해야 했다. 가사 노동은 그림자 노동의 대표적인 예다.

그림자 노동을 줄이고 싶으면 우선 그림자 노동이 무엇인지 밝혀야 한다. 이를테면 근대 여성의 그늘진 가사 노동은 여성이 원래 하던 일이 아니다. 갓 출간된 두 프랑스 논문은 정교한 간접적 방법으로 이를 입증한다. SEGALEN, Martine, *Mari et femme dans la société paysanne*, Paris: Flammarion, 1980, and VERDIER, Yvonne, *Façons de dire, façons de faire: la laveuse, la courturière, la cuisinière*, Paris: Gallimard, 1979. 자신이 현대 여성이기도 한 저자들은 프랑스 농촌에 남아 있던 삶의 흔적, 즉 지난 세기의 토박이 삶을 재구성하면서 매 쪽마다 감탄사를 연발한다. 하지만 그림자 노동에 반대하는 것은 가정주부만이 아니다. 대안적인 사용가치 지향적 생활양식을 선택함으로써 임금 노동과 그림자 노동으로부터 공동체를 플러그 뽑듯 뽑으려는 운동이 전 세계에서 수없이 펼쳐지고 있다. BORREMANS, Valentina, *Reference Guide to Convivial Tools*, New York: The Library Journal, Special Report no. 13. (1180 Avenue of the Americas, New York 10036.)에서는 이 거대하면서도 거의 주목받지 않은 세계에 대한 400건 이상의 참고 문헌을 나열했으며, Michel BOSQUET, 'L'Archipel de la convivialité', *Le Nouvel Observateur*, 31 Dec. 1979, p. 43의 서평에 따르면 "(…) 자신들이 주변부에서 거대한 군도를 형성한다고 믿는 수많은 사람들을 찾아낸다. 이 책은 섬을 찾고 경계선을 그리기 시작하는 탐구서"다.

그림자 노동의 보수

현대 사회에서 어떤 형태의 노동은 처음에는 무급인 것처럼 보이지만 결국 화폐적 관점에서 매우 높은 보수를 받는다. 대학생이 좋은 예다. **누메루스 클라우수스**(numerus clausus, 정원 제한) 때문에 학생은 자신이 좋아하지 않는 학과에 진학해야 하고, 장래 업무와의 연관성이 전혀 입증될 수 없는 능력과 개념을 습득해야 한다. 이 노동은 사회적으로 불가피하고 좌절감을 안기며 종종 고되다. 하지만 대학 졸업자의 평생 소득은 대학을 나오지 않은 형제자매보다 훨씬 클 것이며 비금전적 특권도 훨씬 많을 것이다. 경영대학원에서 시험공부에 시달리는 시간을 이 추가 소득으로 환산하면, 이들은 그 기간 동안 사회에서 가장 많은 급여를 받는 셈이다. 낙오자에게 평생 사회적 제재를 가함으로써 의무가 된 12년의 학교 교육과 달리, 대학생의 '노동'은 짭짤한 평생직장의 일부로 간주할 수 있다. 전 세계에서 대학생들이 장학금을 올려달라고 집단행동을 하는 사실은 이들이 이미 자신을 '노동자'로 여긴다는 증거로 해석할 수 있을 것이다.

전업 주부, 중고등학생, 시간제 근로자 같은 진정한 그림자 노동자는 물론 그런 식으로 집단행동을 할 수 없다. 이들은 다른 방식으로 보상을 요구한다. 1970년에 무급 그림자 노동으로 하던 활동을 1980년에 유급 노동으로 전환하는 데 성공했다는 것은 활동의 유형을 재정의했다는 뜻이다. 이를테면 스웨덴에서는 일부 가정주부가 임금을 받으며, 일부 공장에서는 노조와의 협상을 통해 통근 시간에 대해 보너스를 지급한다. 고용주는 노동자가 집을 떠나는 순간 근무시간이 시작된다는 사실을 깨달았다.

따라서 나는 장래의 보상을 염두에 두고 행하는 무급 노동에 사전 급여를 지급할 수 없다거나 일부 그림자 노동이 임금 노동으로 전환될 수 없다고 주장하는 것이 아니다. 내 주장은, 새로운 임금 노동이 창출되면 반드시 새로운 그림자 노동이 생겨난다는 것이다. 새로운 사회사업이 등장하면 수혜자의 길들여진 수용도 늘어날 수밖에 없다. 설상가상으로 그림자 노동은 다른 사람의 그림자 노동을 만들어내는 데 이용될 수도 있다. 사실 스웨덴은 훈련받은 그림자 노동자(자원봉사자)를 사회사업에 고용하려는 시도에서 전 세계를 선도하고 있는지도 모른다. 'Working Life in the Future – Programme for a Future Study', and 'Care in Society – A Project Presentation', published by the Secretariat for Future Studies (Box 7502, S-103 92 Stockholm) 참고. 이것은 사회적 부문의 그림자 노동을 임금 노동보다 훨씬 빠르게 증가시키려는 계획이다. 1810년대에 영국에서 전도 운동이 벌어진 뒤로 자선 사업은 이런 방식에 이용되었다.

자급자족(subsistance)—176쪽 이하

이 용어를 써야만 할까? 몇 년 전까지만 해도 영어에서 이 용어는 '자급자족 농업'을 뜻할 때만 썼다. 즉 지구상의 수십억 인구가 지금껏 근근이 연명해왔음을 뜻하는 용어였다. 개발 기구들이 사람들을 그런 운명에서 건져내야 한다는 의미로 말이다. 아니면, 하층민이 사회 밑바닥에 가라앉을 수 있는 최하 수준으로 해석되었다. 그것도 아니면 임금의 관점으로 파악되곤 했다. 나는 이 책 1장 「사회를 결정하는 세 가지 차원」에서 이런 결론을 벗어나고자 '토박이'(vernacular)라는 용어를 쓰자고 제안한 바 있다. 이것은 로마 법률가들이 상품의 반대말로 쓰던 것이다. "베르나쿨룸, 말하자면 집에서 났거나 길렀거나 만든 것으로 화폐로 표현되거나 살 수 없는 것. 이아코부스 고토프레두스(Jacobus Gothofredus) 편찬, 『테오도시우스 법전 3』, 「상인세법」에서 아니아누스는 이 말을 이렇게 해석한다." DU CANGE, *Glossarium Mediae et Infimae Latinitatis*, Vol. VIII, p. 283.

나는 토박이 활동과 토박이 영역에 대해 이야기하고 싶다. 하지만 여기서 이 표현을 쓰지 않는 이유는 이 글을 읽는 것만으로는 '토박이 가치'에 친숙해지리라 기대하기 어렵기 때문이다(하지만 이 책 1장을 참고하기를). 사용가치 지향적 활동, 비화폐적 거래, 묻혀있는 경제 활동, 자급자족 경제학 등의 용어를 모두 시도한 결과 이 글에서는 '자급자족'을 고수하기로 했다. 나는 '자급자족 지향적 활동'을 유급이든 무급이든 공식 경제에 이바지하는 활동과 대립시키고자 한다. 그리고 경제 활동의 영역에서는 공식 부문과 비공식 부문을 구분하고자 한다. 임금 노동은 공식 부문에, 그림자 노동은 비공식 부문에 대응한다.

SACHS, Ignacy et SCHIRAY, M., *Styles de vie et de développement dans le monde occidental: expériences et expérimentations.* 이와 비슷하게 Regional Seminar on Alternative Patterns of Development and Life Styles for the African Region, December 1978. CIRED(54 Boul. Raspail, Paris 6)에서는 진짜 사용가치와 가짜 사용가치를 구분하려고 시도한다. "시장 바깥은 서로 다른 두 현실을 포함한다. 하나는 국가의 무상 서비스 혜택이고 다른 하나는 자율적 사용가치 생산이다. (…) 가짜 사용가치는 더 많은 소유를 통한 만족 외에는 어떤 긍정적인 필요의 충족도 제공하지 않는다." 이에 대한 배경으로는 SACHS, Ignacy, "La notion du surplus et son application aux économies primitives', L'Homme, Vol. VI, no. 3, July–Sept. 1966, pp. 5–18; EGNER, Erich, *Hauswirtschaft und Lebenshaltung*, Berlin: Duncker & Humbolt, 1974 참고. 빌레필트 대학 사회학부에서는 자급자족을 주제로 흥미로운 국제 세미나가 열렸다.

노동의 의미—179쪽 이하

유럽 주요 언어에서 '노동'이라는 핵심어가 어떤 의미인지 비교하려면 다음을 참고. KNOBLOCH, J. et al., *Europäische Schlüsselwörter*, Vol. II. *Kurzmonographien*, München: Max Hüber, 1964, 특히 KRUPP, Meta의 글. 'Wortfeld "Arbeit"', pp. 258-6; GRAACH, Harmut, 'Labor and Work', pp. 287-316; MEURERS, Walter, 'Job', pp. 317-54. R. Williams, op cit. 282ff에서는 '노동'이 개인의 생산적 수고에서 지배적 사회관계로 바뀌는 과정을 여러 쪽에 걸쳐 생생하게 묘사한다. 자료가 풍부한 폭넓은 연구로는 다음을 참고. BRUNNER, O.; CONZE, W.; und KOSELLECK, R., eds. *Geschichtliche Grundbegriffe*, 'Arbeit' and 'Arbeiter', Vol. 1, pp. 154-243에 있는 베르너 콘체(Werner Conze)의 글. 이 기념비적 사전(부제는 '독일 정치 · 사회언어 역사 사전'Historisches Lexikon zur Politisch-sozialen Sprache in Deutschland)은 1980년대 말에 7권으로 완간될 예정이다. 산업사회가 시작된 이후 중대한 의미 변화를 겪은 핵심어 약 130개가 선정되었다. 각 용어에 대해 정치적 · 사회적 용법의 변천사를 기록했다. 각 논문은 독일어 용어의 용법에 초점을 맞추고 있지만, 참고 문헌에서 기타 유럽 언어의 중요한 관련 연구를 언급한다. 오래되기는 했지만 '노동'을 중심으로 사회주의 용어의 역사적 의미

를 탐구한 뛰어난 안내서로는 BESTOR, Arthur E. Jr., 'The Evolution of the Socialist Vocabulary', *Journal of the History of Ideas*, Vol. 9, no. 3, June 1948, pp. 259-302가 있다. 또한 다음을 참고. FEBVRE, Lucien, 'Travail, évolution d'un mot et d'une idée', *Journal de Psychologie normale et pathologique*, Vol. 41, no. 1, 1948, pp. 19-28; TOURAINE, A., 'La quantification du travail: histoire d'une notion', *Le Travail, les Métiers, l'Emploi*, special number of *Journal de Psychologie*, 1955, pp. 97-112. 중세에 대해서는 다음을 참고. WILPERT, Paul, ed. *Beiträge zum Berufsbewußtsein des mittelalterlichen Menschen*, Miscelanea Medievalis, Vol. III, Berlin 1964; DELARUELLE, Etienne, 'Le travail dans les règles monastiques occidentales du IV° au IX° siècles', *Journal de Psychologie normale et pathologique*, Vol. XVI, no. 1, 1948, pp. 51-62; STAHLEDER, Helmuth, Arbeit in der mittelalterlichen Gesellschaft, München: Neue Schriftenreihe des Stadtarchivs München, 1972. 중세에 노동과 테크놀로지의 의미가 어떤 관계였는지 알려면 다음을 참고. WHITE, Lynn, Jr., 'Medieval Engineering and the Sociology of Knowledge', *Pacific Historical Review*, no. 44, 1975, pp. 1-21. 루터가 노동의 의미에 미친 영향은 GEIST, Hildburg, 'Arbeit: die Entscheidung eines Wortwertes durch Luther', in *Luther Jahrbuch*, 1931, pp. 83-113에 잘 나와 있다. MENCKEN, H. L., *A Mencken Chrestomancy*, New York 1953, p. 107을 눈여겨볼 것. "이단자 마르틴 루터가 등장하기 전에는, 노동이 그 자체로 찬양할 만하다는 사실을 누구도 발견하지 못했다. 노동에 내재적으로 고귀하고 찬양할 만한 성질이 있으며 한낮의 뙤약볕 아래에서 노동의 짐을 지는 자는 그늘에서 쉬는 자보다 신을 더 기쁘게 한다는 근대적 교의를 발명한 사람은 바로 루터다." 또한 19세기에 대해서는 AMBROS, D. und SPECHT, K. G., 'Zur Ideologisierung der Arbeit', *Studium Generale*, Heft 4, 14.Jahrgang, 1961, pp. 199-207 참고.

제3세계 언어의 식민화 현상—179쪽

LECLERC, J., 'Vocabulaire social et répression politique: un exemple indonésien', *Annales ESC.*, no. 28, 1973, pp. 407-82 참고. 또한 배경 설명으로는 ANDERSON, Ben, 'The language of Indonesian Politics', *Indonesia*, Cornell

Univ., April 1966, pp. 89–116; HINLOOPEN-LABBERTON, D. van, *Dictionnaire de termes de droit coutumier indonésien*, Nijhof, Den Haag, 1934 참고. 또한 ILLICH, Ivan, 'El derecho al desempleo creador', *Tecno-Politica*, Doc. 78/11, Cuernavaca 참고.

노동과 한나 아렌트—179쪽

ARENDT, Hannah, *The Human Condition*, New York: Anchor Book, 1959(한국어판은 이진우 외 옮김, 『인간의 조건』, 한길사, 1996)에는 곧잘 인용되는 근사한 장(章)들이 있다. 하지만 필요의 지배와 자유의 지배 사이의 구분—플라톤에서 마르크스에 이르기까지 거듭된 구분—에 대한 서구 식자층의 합의를 요약한다는 점에서는 가치가 있으나, 아렌트의 철학적 해석을 노동의 역사로서 무비판적으로 받아들이면 산업사회로의 이행기에 노동의 지위에 단절이 있었음을 간과할 우려가 있다. 나는 한나 아렌트가 말한 고전적 의미에서 직업과 노동의 사회적 조건이 파괴되었다고 주장한다. 또한 노역에 대해서는 다음을 참고. VERNANT, J. P., 'Travail et nature dans la Grèce ancienne', *Journal de Psychologie normale et pathologique*, Vol. 52, no. 1, 1955, pp. 18–38; NEURATH, Otto, 'Beitraege zur Geschichte der Opera Servilia', *Archiv fuer Sozialwissenschaften und Sozialpolitik*, Vol. 51, no. 2, 1915, pp. 438–65; BRAUN, Pierre, 'Le tabou des Feriae', *L'Année sociologique*, 3rd series, 1959, pp. 49–125.

노동과 교회—180쪽

노동이 가톨릭 사상에서 어떤 핵심어의 위치를 차지하고 있는가는 다음으로부터 평가할 수 있다. 가톨릭에 대한 가장 포괄적인 백과사전적 참고 문헌으로는 25권짜리 *Dictionnaire de Théologie Catholique*이 있다. 이 책이 출간된 지 40년 뒤인 1971년에 (마지막에서 두 번째) 색인 보록을 출간하면서 편집자들은 주제 색인 중간에 '일'(travail)에 대한 6,000단어짜리 설명을 덧붙였다. 설명은 이렇게 시작된다. "본 백과사전에 이 글이 없었다는 것은 신학의 결함을 나타내는 징후다." 나는 19세기 주요 교회들이 그림자 노동에 어떻게 기여—주로 사회사업과 가사노동의 형태로—했는지와, 임금 노동에 존엄성을 부여하는 '기독교' 이데올로기의 동반 진화에 어떻게 기여했는지에 대한 연구 지침을 준비할 계획이다.

참고 문헌에 대한 가장 뛰어난 안내서는 *Theologische Realenzyklopädie*에 실린 '일'(Arbeit)에 대한 일련의 글인 듯하다. 19세기 미국에서 지위를 박탈당한 종교가 젠더를 명분 삼아 여성에게 가한 폭력에 대해서는 DOUGLAS, Ann, *The Feminization of American Culture*, New York: Avon Books, 1978의 분석을 읽고 깊은 인상을 받은 바 있다. 또한 HALL, Catherine, 'The Early Formation of Victorian Domestic Ideology', BURMAN, S., *Fit Work for Women*, London: Croom Helm, 1979, pp. 15–32 참고.

생산적 노동이 가정에서 공장으로 이전됨에 따라 (미국에서 웨슬리의 감리교와 동시에 발생한) 전도 운동(1780–1820)은 남성이 밖에서 **노동**하는 동안 여성이 **의무**를 다할 가정 영역을 확립했다. 여성은 노동하지 않는 것이 유일하게 적절한 삶의 방식이 되었다. Elie HALEVY, op. cit.에서 처음으로 간파했듯, 18세기 말엽에 종교적인 것은 가정적인 것과 연결되었으며 그로 인해 도덕성의 사적 세계를 경제학의 비도덕적·비신학적 세계와 대립시킬 수 있었다.

빈곤과 노동에 대한 중세적 관점—181쪽 이하

SCHUMPETER, Joseph A., *History of Economic Analysis*, London: Allen & Unwin, 1954, p. 270: "원칙상 중세 사회는 구성원으로 인정된 모든 사람에게 자리를 마련해주었다. 실업과 궁핍은 구조적으로 차단되어 있었다."

HOBSBAWN, E. J., 'Poverty', *Encyclopedia of Social Science*. "역사적으로 극빈층은 제 역할을 하는 주요한 사회 집단의 테두리 바깥에서 등장했다. (…) 따라서 아내와 자녀는 극빈층이 아니었으나 과부와 고아처럼 자신의 자리를 잃을 위험에 처한 사람은 공적 원조를 받아야 할 범주로 가장 먼저 명확하게 정의되었다."

위 문헌들에서 볼 수 있듯이 약자, 굶주린 자, 병자, 집 없는 자, 땅 없는 자, 미치광이, 수감자, 노예, 도망자, 고아, 유배자, 불구, 거지, 고행자, 노점상, 군인, 버림받은 아이를 비롯해 사회적 박탈을 겪은 사람을 대하는 태도는 역사적으로 변해왔다. 매 시대마다 이 범주의 구성원을 대하는 구체적 태도들은 고유한 특징으로 묶인다. 경제사에서는 빈곤을 연구할 때 이 태도를 간과하는 경향이 있다. 대체로 경제사는 열량 섭취의 평균값과 중앙값, 집단별 사망률, 자원 이용의 양극화 등을 측정하는 데 치중한다.

지난 10년간 빈곤을 대하는 태도에 대한 역사적 연구에 상당한 진전이 있었다. 고대 후기와 중세에 대해서는 다음을 참고. MOLLAT, Michel, *Etudes sur l'histoire de la pauvreté*, Série 'Etudes', Vol. 8, Publications de la Sorbonne, Paris는 세미나에 제출된 30건의 발제문을 모은 것이다. POLICA, Gabriella Severina, 'Storia della poverta e storia dei poveri', *Studi Medievali*, Vol. 17, 1976, pp. 363-91에서는 최근 문헌을 조사했다. 중세의 주기적 빈곤 경험에 대해서는 DUBY, Georges, "Les pauvres des campagnes dans l'Occident médiéval jusqu'au XIII° siècle', *Revue d'Histoire de l'Eglise de France*, Vol. 52, 1966, pp. 25-33 참고. 여기에 가장 중요하게 기여한 것으로는 폴란드 역사가의 저작을 들 수 있다. GEREMEK, Bronislav, 'Criminalité, vagabondage, paupérisme: la marginalité à l'aube des temps modernes', *Revue d'Histoire moderne et contemporaine*, Vol. 21, 1974, pp. 337-75와, 같은 저자의 *Les marginaux parisiens aux XIV° et XV° siècles*, Paris: Flammarion, 1976. 러시아어에서 번역된 유쾌한 글로는 BAKHTINE, Mikkaïl, *Rabelais and his World*, Transl. by Hélène Iswolsky, M.I.T. Press, 1971(한국어판은 이덕형 옮김, 『프랑수아 라블레의 작품과 중세 및 르네상스의 민중문화』, 아카넷, 2001)이 있다. 프랑스어 문헌으로는 *L'oeuvre de François Rabelais et la culture populaire au Moyen Age et sous la Renaissance*, transl. by Andrée Robel, Gallimard, 1970이 있다. 그는 빈민이 사육제, 축제, 소극(笑劇)에서 자아상을 투사하는 광경을 묘사한다.

GEREMEK, B., *Le salariat dans l'artisanat parisien au XII° siècle*, Paris, Mouton, 1968는, 정당한 임금 노동자는 고용주의 집안일을 거드는 것으로 생계의 대부분을 해결하는 사람뿐이었음을 분명히 밝히고 있다. 또한 STAHLEDER,

Helmuth, op. cit. 참고.

빈곤에 대한 경제외적 인식—182쪽 이하

중세 동양과 서양에서 빈곤을 대하는 태도에 대한 비교 연구가 이 점에서 실마리를 던져준다. MOLLAT, M., op. cit., Vol. 1, pp. 59-81에 수록된 PATLAGEAN, Evelyne, 'La pauvreté à Byzance au temps de Justinien: les origines d'un modèle politique'는 '도시화된 비잔티움'의 법률에서 대륙 유럽보다 훨씬 오래전에 빈곤을 경제적 조건으로 인식했다고 주장한다.

BOSL, Karl, '"Potens" und "Pauper": Begriffsgeschichtliche Studien zur Gesellschaftlichen Differenzierung im fruehen Mittelalter und zum Pauperismus des Hochmittelalters', *Festschrift O. Brunner*, Göttingen, 1963, pp. 601-87.

LADNER, G., 'Homo Viator: medieval Ideas on Alienation and Order', Speculum, Vol. 42, 1967, pp. 233-59는 이 태도를 탁월하게 묘사한다. '오르도'(ordo, 성직자)와 '아발리에나티오'(abalienatio, 재산 기부자)의 중간에 위치한 호모 비아토르(homo viator), 즉 순례자는 중세인에게 근본적 이상이었다. CONVENGNI DEL CENTRO DI STUDI SULLA SPIRITUALITA MEDIEVALE, Vol. III, *Poverta e richezza nella spiritualitá del secolo XI° e XII°*, Italia, Todi, 1969는 '빈곤'을 대하는 태도를 주제로 여남은 편의 글을 수집하여 미셸 몰라의 수집 작업을 완성했다.

COUVREUR, G., *Les pauvres ont-ils des droits? Récherches sur le vol en cas d' extrème nécessité depuis la 'Concordia' de Gratien, 1140, jusqu' á Guillaume d'Auxerre, mort en 1231*, Rome-Paris: Thèse, 1961은 중세 중기 동안 빈곤에서 비롯한 권리가 법적으로 어떻게 인식되었는지 철저히 연구하고 있다. 이 권리에 대한 법적, 교회법적 표현에 대해서는 TIERNEY, B., *Medieval Poor Law: A Sketch of Canonical Theory and its Applications in England,* Berkeley: Univ. of California Press, 1959 참고.

라테리우스에 대해서는 ADAM, August, *Arbeit und Besitz nach Ratherus von Verona*, Freiburg, 1927 참고.

인클로저—184쪽

인클로저는 민중 문화가 자급자족 수단을 빼앗긴 과정이라고 설명할 수 있다. POLANYI, Karl, *The Great Transformation*, Boston, Beacon Paperback, 1957(한국어판은 홍기빈 옮김, 『거대한 전환』, 길, 2009), 특히 7장 'Speenhamland 1795'과 8장 'Antecedences and Consequences', pp. 77-102 참고. 빈민이 변형되는 과정을 매우 예리하게 관찰한 논문으로는 GUITTON, Jean Pierre, *La société et les pauvres: l'example de la généralité de Lyon, 1534-1789*. Bibliothèque de la Faculté des Lettres, Lyon. No. 26, 1971가 있다. "18세기 사회는 '질서'를 위해 거지와 부랑자를 없애는 것이 빈곤에 대한 책임이라고 여겼다. (…) 이 사회는 빈곤이 선택의 징표이고 구제가 조직화된 연대의 징표이던 중세 사회의 본질을 주변적 성격으로 전락시킨다."

빈민을 대하는 이 같은 태도에 대한 HALEVY, Elie, op. cit.의 묘사는 영국의 저술가에게서도 드러난다. 영국에서는 개신교가 등장한 뒤로 수도원이 사라지면서 빈곤층, 노약자, 거지뿐 아니라 임금으로는 생계를 유지할 수 없어서 국가의 원조를 받는 노동자의 권리를 법적으로 인정했다. 생계권은 1562년, 1572년, 1606년 법률에 명시되었다. 모든 교구에서 치안판사는 주민에게 구빈세를 추가로 징수할 권한이 있었다. 18세기 초가 되어서야 납세자가 이러한 과세에 효과적으로 저항하기 시작했으며 1722년이 되자 구빈원은 법적 보증을 받았다. 새로이 규정된 노동권이 전통적으로 보장된 생존권을 대체했다.

유럽 민중 문화의 파괴에 관한 연구들—185쪽

근대는 자급자족의 환경 조건을 파괴하고 이를 새로운 국민국가의 틀 안에서 생산되는 상품으로 대체하기 위해 500년간 가차 없이 벌어진 전쟁의 시대로 이해할 수 있다. 민중 문화와 그 틀을 상대로 한 이 전쟁에서 처음에는 다양한 교회의 성직자가, 나중에는 전문가와 이들의 제도적 절차가 국가의 원군

노릇을 했다. 이 전쟁에서 민중 문화와 토박이 영역—자급자족의 분야—은 모든 차원에서 풍비박산 났다. 이 전쟁에서 패한 자의 시점에서 바라본 근대사는 아직 쓰이지 않았다. 지금까지 이 전쟁에 대한 보고서는 이 전쟁이 '빈민'의 진보에 도움이 되었다는 믿음을 반영해왔다. 승자의 시점에서 쓰인 역사인 것이다. 부르주아, 자유주의자, 기독교인 역사가뿐 아니라 마르크스주의 역사가들도 '파괴된 가치'를 간과하기는 마찬가지다. 경제사가들이 연구를 시작할 때 선택하는 범주는 '모방적 욕망에 따라 정의되는 희소성이야말로 가장 뚜렷한 인간의 조건이다'라는 정해진 결론을 반영한다.

역사 편찬의 이러한 전통에 대한 가장 고무적인 예외는 학술지 *Les Annales, Economies, Sociétés, Civilisations*, Editorial Office(54 Boulevard Raspail, Paris 6), Subscriptions: Libraririe Armand Colin(103 Boulevard Saint Michel, Paris 5)을 중심으로 형성된 일군의 프랑스 역사학자들이다. 이들은 민중의 자급자족 문화에 대한 역사적 연구에 현실성을 부여하는 방법과 가설을 한 세대 넘도록 다듬고 검증했다. 이들은 문맹자의 실제 발화가 보존된 기록을 찾아서 빈민의 고고학적 유물 중 그나마 아직 썩어 없어지지 않은 것을 해석하는 데 이용했다. 묘비와 노랫말에서, 도붓장수의 외침에서, 소극(笑劇)과 수수께끼에서, 무엇보다 불한당 및 간통한 남녀와 마녀가 법정에서 한 증언에서 지난 모든 시대에 대다수를 차지하던 문맹자—구체적으로 말해서 필경사의 서비스를 받지 못한 자—의 사고방식, 감수성, 신화가 남긴 희미한 흔적을 찾았다.

자급자족을 상대로 한 전쟁으로서 근대사를 연구할 때 내가 선호하는 입문서는 MUGHEMBLED, Robert, *Culture populaire et culture des élites dans la France moderne du XV° au XVIII° siecles*, Paris: Flammarion, 1978이다. CASTAN, Y., Honnèteté et relations sociales en Languedoc, 1715-1780, Paris: Plon, 1974는 훌륭한 보조 문헌이다. LE ROY LADURIE, Emmanuel, *Montaillou, village occitan de 1294 à 1324*, Paris: Gallimard, 1975에서는 중세 마을의 삶을 재구성하는 대가의 솜씨를 확인할 수 있다. DELUMEAU, Jean, *La peur en Occident*, XIV°-XVII° siècles, Paris: Fayard, 1978을 적극 추천한다. 이 역사는 두려움의 경험과, 중세와 그 이후로 두려움의 다양한 형태를 주로 다룬다. 생존이 자급자족을 바탕으로 삼을 수 있다고 하면 현대인은 누구

나 겁에 질린다. 이 개인적 두려움 때문에 현대인은 기술의 대안적 사용이 근대적 형태의 자급자족을 공공의 주요한 관심사로 부각할 엄두를 내지 못한다. 두려움과 더불어 죽음과 아동기에 대한 태도도 부쩍 달라졌다. ARIES, Philippe, *L'homme devant la mort*, Paris: Seuil, 1977(한국어판은 유선자 옮김, 『죽음 앞에 선 인간』, 동문선, 2006); *L'enfant et la vie familiale sous l'ancien régime*, Paris: Pion, 1960(한국어판은 문지영 옮김, 『아동의 탄생』, 새물결, 2003). GINZBURG, C., *Il formaggio e i vermi*, Turin: Einaudi Paperbacks 65, 1976(한국어판은 김정하 외 옮김, 『치즈와 구더기』, 문학과지성사, 2001)는 지역적 자급자족이 어떻게 조직되었고 어떻게 파괴되었는지에 대한 이탈리아의 연구를 소개한다. '조국의 제단 위에서 희생된 방언'sacrifice du patois sur l'autel de la patrie에 대해서는 CERTEAU, Michel de. ADAMS, Thomas M., 'Mendicity and Moral Alchemy: Work as Rehabilitation', *Studies on Voltaire and the XVIII° century*, Vol. 151, 1976 참고.

지식층의 노동—185쪽

버트런드 러셀이 *Praise of Ideleness*, London: George Allen, 1960(한국어판은 송은경 옮김, 『게으름에 대한 찬양』, 사회평론, 2005), p. 17에서 지주에 대해 이야기한 것은 식자층에게도 똑같이 적용된다. "부자가 노동의 고귀함을 설교하면서도 자신은 이 점에서 굳이 비천함에 머물러 있도록 한 노동의 복음."

FERBER, Christian von, *Arbeitsfreude: Wirklichkeit und die Ideologie. Ein Beitrag zur Soziologie der Arbeit in der industriellen Gesellschaft*, Stuttgart: Enke, 1959.

헤르메스 전통과 마르크스주의의 관계—185, 186쪽

마르크스가 늘 구사하는 비유—실체 노동은 생산물로 결정화되고, 생산물 속에 담기고 엉겨 붙으며, 무정형의 젤라틴으로 한 생산물에서 다른 생산물로 옮겨 다닌다—는 결코 단순하지 않다. 엥겔스는 화학의 변증법을 명시적으로 내세우지만, 페이지가 넘어감에 따라 사회역사적인 것을 생리학으로, 생리학을 사회역사적인 것으로 '환원'하는 연금술이 모습을 드러낸다. 마르크스가 보기에 가치의 현현(顯現)은 본디 인간 속에서 잠자고 있으며 인간이 산업 생산자로 탈바꿈할 때만 깨어나는 능력을 물질화하는 데 있다. CASTORIADIS, Cornelius, "From Marx to Aristotle, from Aristotle to us", *Social Research*, Vol. 45, no. 84, 1978, pp. 667–738 (Andrew Arato가 프랑스어에서 번역), pp. 672 ff.

빈곤과 노동을 보는 관점의 변화—186쪽 이하

HEILBRONER, R. L., *Business Civilization in Decline*, New York: Norton; London: Marion Boyars.

HUFTON, O., *The Poor in XVIII° century France*, Oxford: Clarendon Press, 1974.

TAWNEY, R. H., Religion and the Rise of Capitalism, 1926, pp. 254 ff는 영국에서 빈곤이 최초로 악덕과 동일시된 17세기 말엽이 되자 빈민을 대하는 태도 역시 매몰차게 바뀌었다고 주장한다. MARSHALL, Dorothy, *The English Poor in the XVIII° Century: A Study in Social and Administrative History*, London: 1926, p. 20에 따르면 이러한 태도 변화는 18세기 초—R. H. 토니의 주장보다 늦게—가 되어서야 일어났다고 한다. 또한 다음을 참고. CARUS-WILSON, E. M., *Essays in Economic History*, Vol. 1, pp. 295–305에 수록된 MARSHALL, Dorothy, 'The Old Poor Law, 1662–1795'.

GEREMEK, B., 'Renfermement des pauvres en Italie, XIV–XVII° siècles', *Mélanges en l'honneur de F. Braudel*, I, Toulouse 1973.

KRÜGER, Horst, *Zur Geschichte der Manufakturen und Manufakturarbeiter in Preussen*, Berlin, DBR: Rütten und Löning, 1958, p. 598.

도덕 경제—189쪽

원(原)산업시대의 군중에 대해서는 이미 고전이 된 THOMPSON, Edward P., *The Making of the English Working Class*, New York, Random House, 1966(한국어판은 나종일 외 옮김, 『영국 노동 계급의 형성』, 창작과비평사, 2000) 참고. BREWER, John, and STYLES, John, *An Ungovernable People: the English and their Law in the XVII° and XVIII° centuries*, Rutgers Univ. Press, 1979에는 톰슨에 대한 주요한 사실 비판 자료들이 실려 있다. 적어도 영국에서는 엘리트 계층이 군중을 탄압하는 데 민법이 아닌 형법을 동원했다는 것이다. 그러나 도덕경제의 존재에 대한 톰슨의 기본적 통찰은 새로운 연구에서도 확증된다. 또한 MEDICK, Hans, 'The proto-industrial Family Economy: the Structural Functions of Household and Family during the transition from Peasant Society to Industrial Capitalism', *Social History*, 1, 1976, pp. 291-315는 내가 지금까지 읽은 것 중에는 이 이행을 가장 명쾌하게 서술한 문헌이다. 이 문헌을 보완하고 새로운 참고 문헌을 더 수록한 글로는 MEDICK, Hans and SABEAN, David, 'Family and Kinship: Material Interest and Emotion', *Peasant Studies*, Vol. 8, no. 2, 1979, pp. 139-60이 있다.

혼동하지 말아야 할 노동 분업의 네 가지 문제—189쪽

이 네 가지 문제는 긴밀하게 연관되어 있으나, 따로 논의하지 않으면 제대로 규명할 수 없다.

1. 특수한 기능을 가르치는 교육과 이 기능을 수행하는 기술적 능력 사이에는 입증된 관계가 전혀 없다는 사실이 점차 뚜렷해지고 있다. 게다가 자본주의적 노동 분업에 대한 사회주의적 비판의 토대가 되는 기본 가정은 타당성을 잃었다. 다음을 참고. GORZ, André, *Critique de la division du travail*, Paris: Seuil, 1973의 머리말. 독일어판 'Kritik der Arbeitsteilung', *Technologie und Politik*, n° 8, pp. 137-47; GORZ, André, *Adieux au prolétariat: au delà du socialism*, Paris: Galilée, 1980(한국어판은 이현웅 옮김, 『프롤레타리아여 안녕』, 생각의 나무, 2011). "자본주의로 인해 발전하고 강력해진 생산력은 사회주의

적 합리성으로 관리하거나 실행할 수 없다. (…) 자본주의는 단일한 자본주의적 합리성에 대해 작동하는 생산력에 의해 규정되는 유용성, 능력, 기술을 가진 노동자 계급을 탄생시켰다. 따라서 자본주의의 극복 가능성은 노동자 계급 자체를 비롯한 모든 계급을 해체하거나 해체 가능성을 보여주는 토대에서 비롯한다. (…) 자본주의적 노동 분업은 '과학적 사회주의'의 토대를 이중으로 파괴했다. 이제 노동자에게는 권력이 없으며 이제 노동은 노동자 고유의 활동이 아니다. 전통적 노동자는 특권적 소수에 불과하다. 인구 대다수는 신분과 계급이 없으며 온갖 자격을 갖춘 탈산업적 새 프롤레타리아에 속한다. 이들은 '노동자'라는 호칭도 '실업자'라는 호칭도 알아듣지 못한다. (…) 사회는 노동을 만들기 위해 생산한다. (…) 노동은 불필요한 강제가 되지만, 이를 인식하지 못하도록 사회는 개인의 실업을 은폐한다. (…) 노동자는 자신의 변화를 낯선 사람의 변화처럼 인식한다."

2. 기술사의 새로운 추세를 보여주는 글로는 KUBY, Thomas, 'Über den Gesellschaftlichen Ursprung der Maschine', *Technologie und Politik*, n° 16, 1980, pp. 71-103 (영어판은 *The Convivial Archipelago*, Valentina BORREMANS 엮음, 1981)이 있다. 이 글은 1767년에 날실용 면사를 뽑아내는 최초의 방적기를 제작한 이발사 겸 가발 제조업자 리처드 아크라이트 경에 대한 중요한 연구를 요약하고 있다. 대체로 그의 발명은 씨실용 면사만 뽑아낼 수 있는 하그레이브 방적기—당시에 이미 동력으로 작동했다—로부터 선형적으로 진보한 것으로 간주된다. 노동 분업은 생산을 증가시키는 데 필요한 기술적 향상의 필연적 귀결이 아니었다. 오히려, 노동자로부터 생산성 증가를 이끌어내려면 노동자를 기계에 부착된 훈련받은 톱니바퀴로 전락시키도록 기술 과정을 조직화하는 수밖에 없었다. 자유와 기술의 관계를 다루는 사상사에 대한 뛰어난 입문서로는 ULRICH, Otto, *Technik und Herrschaft*, Frankfurt: Suhrkamp, 1977 참고. 또한 MARGLIN, Stephen, 'What do bosses do?', *Review of Radical Political Economics*, VI, Summer 1974, pp. 60-112; VII, Spring 1975, pp. 20-37는 19세기 공장 체계가 발전한 것이 수공업 생산보다 기술적으로 우위에 있었기 때문이 아니라 고용주가 노동력을 더 효과적으로 통제할 수 있었기 때문이라고 주장한다.

3. 노동 분업이 논의되는 세 번째 측면은 문화적으로 성별에 따라 임무를 배정하는 것이다. 다음 주 참고.

4. 생산적 노동과 비생산적 노동이라는 경제적 측면의 노동 분업은 위의 세 가지 문제와 혼동해서는 안 되는 네 번째 문제다. BAULANT, M., 'La famille en miettes', *Annales*, no. X, 1972, p. 960ff. 그 과정에 대해서는 MEDICK, Hans, op. cit.의 앞 주 참고. 이는 19세기에 성별을 경제학적으로 재정의한 것이다. 나는 이 '생물학적 성'의 성격이 19세기에 베일에 가려져 있었음을 보여주려고 한다.

성별에 따른 노동 분업—190쪽 이하

비(非) 산업사회에서 남성과 여성에게 임무를 배정하는 방식은 어떤 사회에서도 동일하지가 않다. MEAD, Margaret, *Male and Female: A Study of the Sexes in a Changing World*, New York: Dell Publ., 1968, 특히 pp. 178ff. 요점을 분명히 짚으면서 참고 문헌도 괜찮은 논문은 다음과 같다. ROBERTS, Michael, 'Sickles and Scythes: Women's Work and Men's Work at Harvest Time', *History Workshop*, 7, 1979, pp. 3-28; BROWN, Judith, 'A Note on the Division of Labor by Sex', *American Anthropologist*, 72, 1970, PP. 1073-8. 영국의 최근 상황에 대한 설명으로는 다음을 참고. SAMUEL, Raphael, ed., *Village Life and Labor*, London–Boston: Routledge and Kegan Paul, 1975, pp. 73-138에 수록된 KITTERINGHAM, Jennie, 'Country Work Girls in XIX° century England'. 조사 연구: WHITE, Martin K., *The Status of Women in Pre-Industrial Societies*, Princeton Univ. Press, 1976. 참고 문헌은 MILDEN, James, *The Family in Past Time: A Guide to Literature*, Garland, 1977; ROGERS, S. C., 'Woman's Place: A Critical Review of Anthropological Theory', *Comparative Studies of Society and History*, 20, 1978, pp. 123-67 참고. 성별에 따른 이러한 문화적 노동 분업은 19세기에 등장한, 주로 생산적 부문에 종사하는 남성과 주로—또는 자연스럽게—비생산적 부문에 종사하는 여성의 경제적 노동 분업과 결코 혼동해서는 안 된다.

근대적 부부와 핵가족

핵가족은 새로운 현상이 아니다. 오히려 전례가 없는 현상은, 자급자족이 불가능한 가족을 규범으로 승격시킴으로써 이 새로운 가족의 본보기를 따르지 않는 모든 결합을 차별하는 사회다.

새로운 가족은 19세기에 임금 노동자의 가족으로서 탄생했다. 그 목적은 주된 임금 노동자 한 명을 그의 그림자와 짝짓는 것이었다. 가정은 임금을 소비하는 장소가 되었다. HAUSEN, Karin, 'Die Polarisierung des Geschlechtscharakters: eine Spiegelung der Dissoziation von Erwerbs und Familienleben', *Sozialgeschichte der Familie in der Neuzeit Europas, Neue Forschung*. W. CONZE 엮음, Stuttgart, 1976, pp. 367–93. 많은 경우 가정 내 모든 구성원이 임금 노동자이자 능동적 가사 노동자인 오늘날에도 이 사실은 달라지지 않았다. 심지어 1인 가구도 마찬가지다.

가족의 경제적 기능이 이렇게 달라진 사실은 '핵가족' 논의로 인해 종종 은폐된다. 부부를 바탕으로 이루어진 가정을 일컫는 핵가족은 자급자족하지 않는 결합을 상상할 수 없었던 사회에서도 역사를 통틀어 정상(正常)으로 존재할 수 있으며 실제로도 그랬다. VEYNE, Paul, 'La famille et l'amour sous le Haut-Empire romain', *Annales*, 33rd year, no. 1, Jan.–Feb. 1978, pp. 35–63는 로마에서 아우구스투스 시대와 안토니누스 시대 사이에 기독교로부터 어떤 영향도 받지 않은 채 부부로 이루어진 핵가족이라는 개념이 등장했다고 주장한다. 이런 종류의 가족을 노예에게 강요하는 것은 노예주의 이해관계에 들어맞았다. 기독교인들은 귀족적 형태의 핵가족을 받아들였다. DUBY, Georges, *La société aux XI° et XII° siècles dans la région maconnaise*, Paris 1953; HERLIHY, David, 'Family Solidarity in Medieval Italian History', *Economy, Society and Government in Medieval Italy*, Kent State Univ. Press, 1969, pp. 173-9는 초기 유럽 가족이 대체로 부부의 결합으로 축소되는 현상이 12세기 들어서까지 계속되고 있음을 밝힌다. 그 뒤에 공고화 과정이 시작되는데, 이는 주로 토지 소유와 연관되었다. 교회법은 여기에 거의 영향을 미치지 않았다. 또한 다음을 참고. PELLEGRINI, Giovan Battista, 'Terminologia matrimoniale', *Settimane di Studio del Centro Italiano per l'Alto Medioevo di Spoleto*, 1977, pp. 43-102는 중세 결혼을 이해하는 데 필요한 복잡한 용어 또는 용어 집합을 소개한다. 또한 METRAL, M. O., *Le mariage: les hésitations de l'Occident*. Philippe Ariès의 서문, Paris: Aubier, 1977 참고. 17세기와 18세기에 대해서는 ARIES, Philippe, *L'enfant et la vie familiale sous l'ancien régime*, Plon, 1960, and LEBRUN, Francois, *La vie conjugale sous l'ancien régime*, Paris: Colin, 1975이 유용하다. LASLETT, Peter, *Un monde que nous avons perdu: les structures sociales pré-industrielles*, Flammarion, 1969(영어판: *The World we have lost*)은 산업 혁명이 일어나기 훨씬 이전에 영국에서 부부 가족이 일반적이었음을 밝힌다. BERKNER and SHORTER, Edward. 'La vie intime': Beitraege zur Geschichte am Beispiel des kulturellen Wandels in der Bayrischen Unterschichte im 19. Jh.', *Koelner Zeitschrift fuer Soziologie und Sozialpsychologie*, special number 16, 1972는 인생 주기의 어떤 단계에―노인이 죽었을 때―핵가족이 독일 남부의 농민에게 전형적임을 밝힌다. 확대 가족은 주로 '현대 사회학자의 향수'일 가능성이 있다.

근대 가족이 독특한 것은 '사회적' 영역에 존재하기 때문이다. 옥스퍼드 영어사전에서는 '가족'의 의미를 아홉 가지로 풀이하는데, 그 중 세 번째인 "실제로 동거하든 하지 않든 부모와 자녀로 이루어진 집단"이라는 의미가 19세기에 등장했다고 명시한다. '가정 불화'(family quarrels)는 1801년에, '가족생활'(family life)은 1845년에, '가족이 읽기에 알맞지 않은'(unfit for family reading)은 1853년에, '가족용 반값 입장권'(family tickets for admission for half the price)은 1859년에, '가정지'(family magazine)는 1874년에 등장했다.

HERLIHY, David, 'Land, Family and Women in Continental Europe, 701-1200', *Traditio*, 18, 1962, pp. 89-120 (Fordham Univ. N.Y.).

'치안' 기구로서의 가족

자급자족 가족의 구성원은 생계를 꾸려야 한다는 필요로 결속되어 있었다. 반면에 부부 중심의 근대 가족에서는 구성원이 경제를 위해 결합되지만, 정작 자신들은 경제에 대해 주변적이다. DONZELOT, Jacques, *La police des familles*, Paris: Ed. de Minuit, 1977(영어판: *The Policing of Families*, Robert Hurley 옮김, New York: Pantheon, 1979)는 이를 이른바 사회적 영역—'사회적' 노동, '사회적' 골칫거리, '사회적' 프로그램, '사회적' 발전이라고 말할 때의 그 영역—이 창조되는 '치안화'로 서술함으로써 FOUCAULT, Michel, *La volonté de savoir*, Paris: Gallimard, 1976(한국어판은 이규현 옮김, 『성의 역사 1. 지식의 의지』, 나남, 2004)의 논의를 이어받아 정교하게 다듬는다. J. 동즐로에 따르면 이 영역의 역사와, 이 영역이 생긴 과정 즉 '치안화'는 전통적 정치사와도, 민중 문화사와도 동일시할 수 없다. 이는 신체, 건강, 생활양식, 주거양식—모두가 본디 치안화라 불리는 활동이다—을 투자하는 정치적 기법을 이용하는 '삶정치적'(bio-political) 차원을 대표한다. '사회적 영역'의 형성을 묘사하려는 동즐로의 시도를 더 잘 이해하려면 다음을 읽는 것이 좋다. DUMONT, Louis, 'The Modern Conception of the Individual: Notes on its Genesis and that of Concomitant Institutions', *Contributions to Indian Sociology*, no. VIII, October 1965; 또한 Microfiches, Presses de la Fondation des Sciences Politiques. 프랑스어판: "La conception moderne de l'individu: notes sur sa genèse en relation avec les conceptions de la politique et de l'Etat à partir du XIIIe siècle", *Esprit*, February, 1978. 루이 뒤몽은 정치적 영역과 경제적 영역이 동시에 등장하는 과정을 서술한다. 또한 Paul Dumouchel's, op. cit.에서 루이 뒤몽에 대한 논평 참고.

'여성'에 대한 진단

C. LASCH (*New York Review of Books*, Nov. 24, 1977, p. 16). '전문화'(profesionalization)에 대한 역사가들의 최근 연구에 따르면 19세기에 전문화가 생겨난 것은 뚜렷하게 정의된 사회적 필요가 있어서가 아니라고 한다. 그보다는 새로운 전문가들 스스로 필요를 만들어내고, 그것을 자신들이 충족시킨다고 주장했다는 것이다. 이들은 무질서와 질병에 대한 대중의 두려움을 이용하고, 교묘하게 신비화된 전문용어를 구사하며, 민중적 전통과 자조를 비과학적 구닥다리로 조롱했다. 저항이 없지는 않았으나, 그들은 이런 식으로 자신들의 서비스에 대한 수요를 창조하거나 강화했다. 이 과정을 연구하기 위한 뛰어

난 입문서이자 쓸 만한 참고 문헌이 있는 글로는 BLEDSTEIN, Burton J., *The Culture of Professionalism*, New York: Norton, 1976이 있다. EHRENREICH, Barbara and ENGLISH, Deirdre, *For Her Own Good: 150 Years of the Expert's Advice to Women*, New York: Anchor, 1978은 여성에 대한 전문가적 통제의 역사를 서술한다. 127쪽: "20세기 중엽 이후 가사노동에서 이루어지는 생산은 점차 집안에서 하는 일과 거리가 멀어졌다. 조만간 집에서는 아무 할 일이 없어질 것 같았다. 교육자, 민중 작가, 저명한 사회학자 등은 집안에서 공백이 커져가는 현상에 불안감을 드러냈다. 베블런은 이를 낭비적 수고, 즉 과시적 소비의 증거로 정의했다. '가정생활이 문명의 최고이자 최선의 생산물'이 되도록 서비스를 제공하는 데는 특히 성직자와 의사의 역할이 두드러졌다."

여성적 성격이 의료화된 과정에 대해서는 다음 문헌이 특히 유용했다. BARKER-BENFIELD, G. J., *The Horrors of the Half-Known Life: Male Attitudes toward Women and Sexuality in the XIX°-Century America*, New York: Harper and Row, 1976; ROSENBERG, Rosalind, 'In search of Woman's Nature: 1850–1920', *Feminist Studies*, 3, 1975; SMITH-ROSENBERG, Carroll, 'The Histerical Woman: Sex-roles in XIX° Century America', *Social Research*, 39, 1972, pp. 652–78; MCLAREN, Angus, 'Doctor in the House: Medicine and Private Morality in France, 1800–1850', *Feminist Studies*, 2, 1975, pp. 39–54; HALLER, John and HALLER, Robin, *The Physician and Sexuality in Victorian America*, Urbana, Ill.: Univ. of Illinois Press, 1974; VICINUS, Marta, *Suffer and be Still: Women in the Victorian Age*, Bloomington: Indiana Univ. Press, 1972; LEACH, E. R., *Culture and Nature or 'La femme sauvage'*, The Stevenson Lecture, November 1968, Bedford College, The University of London; KNIBIEHLER, Y., 'Les médecins et la "nature féminine" au temps du Code Civil', *Annales*, 31st year, 4, July–August, 1976, pp. 824–45.

DUDEN, Barbara, 'Das schoene Eigentum', *Kursbuch*, 49, 1977은 여성에 대한 칸트의 저술을 논평한 것이다.

op. cit. BOCK und DUDEN, 'Zur Entstehung der Hausarbeit im Kapitalismus' 참고. DAVIS, Natalie Z., *Society and Culture in Early Modern France*, Stanford Univ. Press는 이 주제에 낯선 사람들에게 좋은 출발점이 될 것이다. CONZE, Werner, *Sozialgeschichte der Familie in der Neuzeit Europas, Stuttgart*, 1976도 읽을 만하다. DAVIS, Natalie Z. and CONWAY, Jill K., *Society and the Sexes: A Bibliography of Women's History in Early Modern Europe, Colonial America and the United States*, Garland, 1976은 연구에 꼭 필요한 문헌이다. 이를 보완하는 글로는 다음이 유용했다. ROE, Jill, 'Modernization and Sexism: Recent Writings on Victorian Women', *Victorian Studies*, 20, 1976-77, pp. 179-92; MUGHEMBLED, Robert, 'Famille et histoire des mentalités, XVI°-XVIII° siècles: état présent des recherches', *Revue des Etudes Sud-Est Européen* (Bucarest), XII, 3, 1974, PP. 349-69; ROWBOTHAM, Sheila, *Hidden from History: Rediscovering Women in History from the XVII° Century to the Present*, New York: Vintage Books, 1976. 제2판 175쪽 뒤—번호가 없는 쪽—에는 빅토리아 시대 초기에 영국에서 여성의 역할이 어떻게 달라졌는가에 대한 엄선된 참고문헌이 실려 있다. 다음 두 논문은 사회 변화에 대한 전통적 시대 구분과 분류 방법, 이론이 최근의 여성사에 어느 정도까지 적용될 수 있는지를 탐구한다. BRANCA, Patricia, 'A New Perspective of Women's Work: A Comparative Typology', *Journal of Social History*, 9, 1975, pp. 129-53; KELLY-GADOL, Joan, 'The Social Relations of the Sexes: Methodical Implications of Women's History', *Signs*, 11, 1978, pp. 217-23.

TILLY, Louise and SCOTT, Joan, *Women, Work and Family*, New York: Holt, Rinehart & Winston, 1978에는 후속 연구에 유용한 문헌 자료가 실려 있다. 19세기 첫 사반세기에 미국에서 일어난 변화로 인한 여성의 새로운 지위에 대해서는 LERNER, Gerda, 'The Lady and the Mill Girl: Changes in the Status of Women in the Age of Jackson', *American Studies*, Vol. 10, no. 1, 1969, pp. 5-15이 간결하고 명쾌하다. 옥스퍼드 대학 여성학위원회에서 발간한 두 권의 세미나 발제문 모음집은 가사 노동의 역사를 알려주는 귀중한 자료다.

ARDENER, Shirley, Editor *Defining Females: The Nature of Women in Society*, London: Croom Helm, 1978; BURMAN, Sandra, Editor Fit Work for Women, London: Croom Helm, 1979. 둘 다 상세한 주석이 달려 있다.

여성의 노동이 고유한 방식으로 남성과 구별된 것은 집안에서만이 아니다. 여성이 고용되어 임금 노동을 하는 곳에서도 여성을 주 대상으로 하는 새로운 종류의 노동이 생겼다. HAUSEN, Karin, 'Technischer Fortschritt und Frauenarbeit im 19. Jh.: zur Sozialgeschichte der Naehmaschine,' *Geschichte und Gesellschaft,* Year 4, No. 4, 1978, pp. 148–69에서는 가정이 시장에서 독립하는 데 기여할 수도 있었던 재봉틀이 실은 여성 노동으로 규정된 착취적 임금 노동을 증가시키는 데 이용된 과정을 서술한다. DAVIES, M., 'Woman's place is at the Typewriter: The feminization of the Clerical Labor Force', *Radical America,* Vol. 8, no. 4, July–Aug. 1974, pp. 1–28는 전례 없는 규모로 비서가 배출되는 과정에서 타자기가 어떻게 이용되었는가를 비슷하게 분석한다. 의료와 경찰의 서비스를 둘러싼 매춘의 재조직화에 대해서는 CORBIN, Alain, *Les filles de noce: misère sexuelle et prostitution aux XIX° et XX° siècles*, Paris: Aubier Coll. Historique, 1978 참고. 가정주부라는 이상(理想)의 전사(前史)에 대해서는 HOOD, Sarah Jane R., *The Impact of Protestantism on the Renaissance Ideal of Women in Tudor England,* PhD Thesis, Lincoln, 1977 참고. 초록: "아내와 어머니의 여성주의적 이상은 르네상스 시대에 북구의 인문주의자들에게서 처음으로 나타난다. 스투디아 후마니타티스(Studia Humanitatis, 인문학)는 교양 있는 아내로서 남편을 반려하고 지적인 어머니로서 자녀를 교육함으로써 가정적 역할을 완수하기 위한 열쇠였다. 이러한 상류층의 이상이 처녀나 귀부인의 중세적 이상을 대체했다. 튜더 시대 영국에서는 부르심(calling)이라는 프로테스탄트적 이상으로 인해 가정적 이상이 모든 여성의 소명(vocation)이 되었다. 이제 모든 여성은 결혼하도록 부르심받았으며 자녀를 낳는 것이야말로 최고의 공헌으로 간주되었다. 집안을 돌보는 사람이 르네상스적 동반자를 대체했다. 가장 비천한 집안일도 신을 따르는 사회에 가치 있게 기여할 수 있다고 인식되었다. 하지만 모든 여성이 결혼과 모성으로 부르심받자 여성에게는 다른 어떤 부르심도 남지 않았다. 다른 부르심을 선택하는 것은 자신의 거룩한 소명을 부인하는 꼴이었다. 따라서 가정적 이상이 독단적으로 강요되기에 이르렀다."

'모성적 돌봄'이라는 이상은, 사회가 여성에게 최근 정의된 노동을 부과하기 위해 쓰는 주요 수단 중 하나다. 사회는 그 대리인인 돌봄 전문가를 통해 이런 노동을 부과한다. 모성적 돌봄이 전문가 감독하의 무급 그림자 노동으로 바뀐 과정은 다음을 참고. LOUX, Francoise, *Le jeune enfant et son corps dans la médecine traditionnelle*, Paris: Flammarion, 1978; BARDET, J. P., 'Enfants abandonnés et enfants assistés à Rouen dans la seconde moitié du XVIII° siècle', *Hommage à Racel Reinhard*, Paris 1973, pp. 19-48. 플랑드랭(Flandrin)은 이 책에 대해 "유모 풍습이 가족에 미치는 위험을 평가한 유일한 연구"라고 논평했다. GELIS, J., LAGET, M. and MOREL, M. F., *Entrer dans la vie: naissances et enfances dans la France traditionnelle*, Paris, 1978; OTTMUELLER, Uta, '"Mutterpflichten": Die Wandlungen ihrer inhaltlichen Ausformung durch die akademische Medizin', pp. 1-47, MS 1979는 엄선된 참고 문헌을 수록하고 있다.; LALLEMENT, Suzanne and DELAISI DE PARSEVAL, Geneviève, 'Les joies du maternage de 1950 à 1978, ou Les vicissitudes des brochures officielles de puériculture', *Les Temps Modernes*, Oct. 1978, pp. 497-550; BADINTE, Elisabeth, *L'amour en plus*, Paris: Flammarion, 1980.

POULOT, Denis, *Le sublime ou le travailleur comme il est en 1870, et ce qu'il peut être*, Alain Cottereau 머리말, Paris: Francois Maspero, 1980. 노동자 출신으로 파리에서 작은 공장을 소유한 사람이 1869년에 '노동자'의 유형을 분류하고 각 유형이 고용주와 아내에게 어떻게 행동하는지 분석한 글.

OAKLEY, Ann, *Woman's Work: The Housewife, Past and Present*, New York: Vintage Book, 1976는 7장에서 이 세 가지 신화를 폭넓게 다룬다.

D. SYMON, *The Evolution of Human Sexuality*, Oxford University Press, 1980에 대한 Clifford GEERTZ의 서평, *The New York Review of Books*, 24 Jan. 1980. 또한 HUBBARD, R. et al. *Women look at Biology*, Boston: Hall, 1979 참고.

가족 내 그림자 노동—193쪽

가족 구성원에게 가치를 전가시키는 경제 현상에 대해서는, NAG, Moni, 'An Anthropological Approach to the Study of the Economic Values of Children in Java and Nepal', *Current Anthropology*, 19, 2, 1978, pp. 293–306에 포괄적 참고 문헌이 실려 있다.

BECKER, Gary S., 'A Theory of Marriage', *Journal of Political Economy*, 81, 1973, pp. 813–46 및 *The Economic Approach to human behavior*, Univ. of Chicago Press, 1976. LEPAGE, H., *Autogestion et capitalisme*, Paris: Masson, 1978.

셀프 서비스의 본질—194쪽

SKOLKA, Jiti V., 'The Substitution of Self-Service activities for Marketed Services', *Review of Income and Wealth*, Ser. 22, 4, 1976, p. 297ff.에서는 다음과 같이 주장한다. 셀프서비스 활동은 '시장 바깥에서 소비자의 시간과 산업 생산물들(주로 내구재)과 에너지를 들여서 하는 활동'으로 정의된다. 시장화된 서비스는 점차 이 셀프서비스 활동으로 대체된다. 따라서 산업화된 나라에서 증가하고 있는 활동은 생산적임에도 기존의 경제평가 기준에 포함되지 않는다. 시장에 나타나지도 시장가치를 가지지도 않기 때문이다. 국가의 복리를 평가할 때, 시장화된 가치를 대체한 셀프서비스의 가치를 반영하지 않으면 이 평가는 무의미하다. 하지만 셀프서비스 활동을 측정하려면 대규모의 대체 방법을 써야 하는데, 통계학자들이 달가워하지 않을 것이다.

〈이반 일리치 전집〉을 펴내며

'이반 일리치'라는 이름을 말하면 사람들은 70~80년대를 풍미했던 이론, 또는 한물간 사상가의 기억을 떠올립니다. 어떤 이들은 학교로부터의 탈출이나 현대의료에 대한 거부를 외쳤던 반문명주의자의 초상을 떠올리기도 합니다. 이처럼 유행의 힘은 사상의 영역에도 예외가 아니어서 변할 수 없는 진리마저 낡고 빛바랜 것으로 만들곤 합니다. 그러나 어떤 진실은 시간의 변덕스런 힘에도 살아남아 뒤늦게 빛을 발합니다. 적지 않은 사람들이 꾸준히 일리치를 찾아 읽고 현실의 어둠을 헤쳐나갈 눈을 얻으려는 것은 그만큼 그의 사상이 진실의 힘을 가지고 있기 때문일 것입니다.

일리치가 한때의 유행에서 다시금 고전으로 부활하고 있는 것은 역설적으로 현대가 겪고 있는 위기가 더욱 커지고 깊어졌다는 뜻이기도 합니다. 끝없는 성장만이 인간을 행복하게 만들어줄 수 있다는 이념은 자유시장과 무한경쟁을 앞세운 신자유주의로 심화되고 있고, 그것이 오늘의 위기를 재촉하고 있다는 것은 모두가 느끼고 있는 사실입니다. 우리는 이 위기를 사회적, 생태적, 실존적 위기의 세 가지로 짚어볼 수 있습니다. 성장의 이데올로기는 능력에 따른 불평등을 정당화하고 결국 양보와 합의에 기초한 공동체의 토대마저 흔들고 있습니다. 그것은 또한 우리 모두에게 주어진 자연을 소수를 위한 착취의 대상으로 삼아버렸습니다. 이러한 사회적, 생태적 위기 속에서 우리는 물질적 욕구의 충족만을 행복으로 여기는 영혼 없는 존재로 타락해 가고 있습니다.

일리치는 이 모든 위기의 뿌리가 인간을 '호모 에코노미쿠스'로 본 근대 경제학에 있다고 합니다. 인간은 날 때부터 '필요'를 가진 존재이고 자연의 '희소성'을 두고 서로 싸워야 하는 존재라고 보는 관점 말입니다. 그러나 일리치는 우리의 필요란 조작된 것이요, 우리 삶의 조건은 희소한 것이 아니라 자급자족적 삶을 꾸려가기에 충분한 것이라고 말합니다. 우리의 가난이란 현대화된 가난으로서 상품을 소비할 수 없어서 생겨난 것이고, 그런 점에서 상품은 인간 삶의 모든 측면에 대해 근본적인 독점을 행사하고 있다는 것입니다. 따라서 상품의 끝없는 생산 및 소비에 의존하는 경제 성장은 필연적으로 역생산성에 빠질 수밖에 없다고 합니다. **가난의 현대화, 근본적 독점, 역생산성**은 이반 일리치가 우리에게 남겨 놓은 귀중한 통찰입니다.

사월의책이 새삼 〈이반 일리치 전집〉을 펴내는 까닭은 현대 사회에 대한 수많은 비판의 담론 위에 또 하나의 비판을 얹고자 함이 아닙니다. "이성으로는 비관하되 의지로 낙관하라"는 안토니오 그람시의 말대로 일리치는 현대를 비관한 만큼이나 인간 사회에 대한 낙관을 잃지 않았습니다. 그는 미래에 대한 비관적 전망이 현재에 드리워놓은 그림자로부터 그 현재를 재발견하는 것이야말로 우리가 해야 할 일이라고 보았습니다. 일리치를 읽는 것은 나 자신과 이 사회를 재발견하고 우리 자신에 대한 희망을 다시 세우는 일이 될 것입니다.

> "나는 세상에 불을 던지러 왔노니, 이미 그 불이 타올랐으면 내가 무엇을 원하리요." (누가복음 12:49)

사월의책 편집부